EL HORÓSCOPO DE LA LUNA

Daniel Pharr

El horóscopo de la Luna

La influencia lunar
para cada signo del zodíaco

URANO
Argentina – Chile – Colombia – España
Estados Unidos – México – Perú – Uruguay – Venezuela

Título original: *Moon Wise: Astrology. Self Understanding & Lunar Energies*

Reprinted from
La influencia lunar en la vida diaria
Copyright © 2001 by Daniel Pharr
Published by Llewellyn Español
Woodbury. MN 55125 USA
www.llewellyn.com

Traducción: Núria Martí Pérez

1.ª edición Enero 2015

Copyright © 2001 by Daniel Pharr
All Rights Reserved
© 2014 *by* Ediciones Urano, S.A.
Aribau, 142, pral. – 08036 Barcelona
www.edicionesurano.com

ISBN: 978-84-7953-893-4
E-ISBN: 978-84-9944-799-5
Depósito legal: B-24.867-2014

Fotocomposición: Ediciones Urano, S.A.
Impreso por: Rodesa, S.A. – Polígono Industrial San Miguel
Parcelas E7-E8 – 31132 Villatuerta (Navarra)

Impreso en España – *Printed in Spain*

Este libro está dedicado a mis hijos,
Jimmy y Amber.

Agradecimiento personal

A mi dulce amigo, Ariel.

A través de ti he visto un mundo que me fue esquivo por muchos años. Tu expresión artística de la vida me inspira para crear y dominar mi oficio.

Gracias por tus regalos de amor y apoyo.

La misteriosa acompañante del mundo

Sería difícil encontrar un objeto que signifique tantas cosas a más personas que la Luna. Esta es un satélite rocoso, una espuela a la locura o una diosa —para mencionar unas pocas—. Nada ha quemado más nuestra imaginación colectiva, ni se le ha buscado más conocimiento que esta perenne y siempre cambiante regidora del cielo nocturno.

Este libro lo llevará en un viaje de descubrimiento sobre los efectos invisibles de la Luna sobre nuestros mundos internos y externos. Desde mareas hasta insultos, desde la siembra hasta el placer, vea cómo la influencia lunar dispara millares de efectos.

Si le gusta leer su horóscopo, entonces ya sabe sobre su signo solar. *El horóscopo de la Luna* le permite averiguar sobre la otra mitad —su signo de la luna—. Descubra cómo la Luna lo afecta emocional, física y mentalmente cuando hace su viaje mensual a través de los signos del zodiaco.

Índice

Prefacio

Hace años, dejé mi aprendizaje de profesor armado con un poder que reformó mi vida —el poder de la Luna—. La atracción de la Luna es tan grande que causa mareas en los océanos y cambios en los patrones del clima. La Luna también afecta las emociones.

Antes de que descubriera el poder de la Luna, yo reprimía mis emociones de la forma que pensaba que lo hacían todos los hombres. Aunque aparentemente era calmado y seguro de mí mismo, también estaba asustado; tenía emociones y reacciones emocionales pero me rehusaba a exteriorizarlas, excepto en ataques de lágrimas y furia en privado. Entre más me esforzaba para suprimir estas emociones, más difíciles se volvían.

Mis estudios me sensibilizaron hacia las energías de la Luna y descubrí algo que cambió mi vida. Existía una relación entre la posición astrológica de la Luna y mis emociones. Cuando la Luna estaba en Cáncer, yo lloraba. Absolutamente todo me molestaba, especialmente las relaciones. Cuando la Luna estaba en Aries, yo discutía con todas las personas. Mi paciencia se agotaba y me enojaba rápidamente.

Mi continua investigación indicaba que estos no eran los únicos dos signos que me afectaban. Cada Luna tenía una influencia diferente: feliz, analítico, motivado, hablador o sexy. Quedé fascinado con este fenómeno. Siguiendo mis sentimientos y comparándolos con la Luna, encontré patrones que me permitían predecir qué días de la semana serían los más desafiantes o los de mayor recompensa. A su vez, mis altibajos emocionales empezaron a suavizarse porque yo estaba consciente de la influencia de la Luna y preferí enfrentar mis emociones en lugar de ser su víctima.

Descubrí otros usos para mis lecciones lunares. Me di cuenta que la Luna afectaba a todas las personas de una forma similar. Yo podía predecir la forma en que reaccionarían las personas ante una situación determinada. Repentinamente, pude elegir el día adecuado para solicitar un aumento o unas vacaciones. Supe cuándo negociar un auto nuevo y cuándo no negociar una casa. Descubrí que algunos días son mejores para la comunicación y para dar presentes y otros días son mejores para estar solo.

A través del poder de la Luna aprendí sobre mí mismo y sobre otras personas. Quedé sorprendido al descubrir que somos mucho más parecidos de lo que somos diferentes. Me volví menos temeroso de lo que las demás personas pudieran pensar de mí, porque ellos eran como yo. Ellos tenían las mismas reacciones emocionales que yo tenía. Me dio seguridad expresar mis sentimientos. Cuando discutía abiertamente sobre mis sentimientos, la gente a mi alrededor compartía sus sentimientos; esto creaba intimidad y encontré algunos amigos duraderos. También aprendí lo que significa la intimidad en una relación y cómo fomentarla. Desde entonces, he tenido éxito manteniendo una relación amorosa y esmerada.

Este libro trata sobre el autodescubrimiento, el cual le ayudará a entender los ciclos de la Luna y le enseñará a aprovechar su poder. Aprenderá a predecir sus reacciones emocionales y las reacciones de los demás.

Cada uno de los doce signos de la Luna tiene un efecto diferente. Algunos lo influencian para que esté feliz, mientras otros hacen que esté enojado. Algunos le ayudan a exagerar la verdad, mientras otros actúan como detectores de mentiras. Cada uno es un profesor. A partir de estas Lunas aprenderá quién es usted, por qué hace lo que hace y cómo mejorar rápidamente todas las relaciones de su vida.

1
La Luna

La vida en la tierra está influenciada dramáticamente por la Luna. Las leyendas hablan de hombres lobos y lunáticos. Los mitos urbanos le atribuyen muchas cosas a la Luna: alcoholismo, conducta desordenada y asesinatos. La evidencia de nuestro mundo físico comprueba la influencia de la Luna.

Durante siglos se ha creído que la Luna afecta el clima. *Moon Sign Book*, publicado por Llewellyn, ofrece varios ejemplos. Se dice que si la Luna está llena hacia la medianoche, durante los siguientes siete días se disfrutará de un buen clima. Si la Luna llena ocurre al mediodía, el clima será impredecible. Un anillo alrededor de la Luna indica la proximidad de la lluvia, mientras que el mismo anillo a la salida de la Luna indica lluvia torrencial.

La Luna pálida trae lluvia, la Luna roja trae viento, la Luna blanca no trae lluvia ni nieve.
Anillo alrededor de la Luna, la lluvia llega pronto.
Cuando alrededor de la Luna hay un halo, el clima será frío y recio.
Luna despejada, pronta helada.

Para una indicación de que se aproxima buen clima, la Luna nueva debe proyectar una sombra durante cuatro días. Si esto no ocurre, habrá un clima inclemente. Si el cuerno inferior de la Luna es de color oscuro durante la Luna creciente, indicará lluvia antes de la Luna llena. Por el contrario, cuernos agudos al tercer día de la Luna creciente, pronostica buen clima durante todo el mes. Un cuerno superior nebuloso en la puesta de la Luna trae lluvia antes de la Luna nueva y si el centro de la Luna está brumoso, durante la Luna llena estará lluvioso. En un mes con dos Lunas llenas, la segunda conocida como Luna «azul», probablemente habrá un clima severo, especialmente en mayo. Una Luna llena en un equinoccio primaveral pronostica inundaciones seguidas de una temporada anormalmente seca. Después de una Luna llena en el equinoccio de primavera sigue un clima con tormentas, pero sobre todo, la primavera será seca.

Los estudios muestran patrones climáticos mensuales que simulan el ciclo lunar. En *Supernature*, Lyall Watson discute dos estudios independientes llevados a cabo en la década de 1960 sobre los efectos de la Luna en la lluvia. El estudio australiano observó los patrones del clima durante un período de veinticinco años. El estudio americano examinó cuarenta y nueve años de historia climática. Ambos encontraron incrementos de lluvia en los días siguientes a la Luna nueva y llena. Cada estudio presentó la misma conclusión: Existe una relación entre los ciclos mensuales de la Luna y los patrones regulares de lluvia.

La investigación también ha mostrado formación de hielo en nubes altas y la concentración de ozono en la atmósfera sigue las lunaciones. El campo magnético que rodea la tierra fluctúa en patrones similares a los del ciclo lunar. El *Journal of Geophysical Research* publicó estudios climáticos en la década de 1960, confirmando un número de fenómenos naturales, cuyo ciclo coincidía con el de la Luna. Estos patrones lunares fueron encontrados en la concentración de ozono en la atmósfera, en la cantidad de partículas de hielo en nubes de gran altitud, en las torrenciales lluvias en los Estados Unidos y en Nueva Zelanda, en fluctuaciones del campo magnético y en el número de meteoros que caen en la atmósfera terrestre.

Existen muchos cuentos y creencias, los cuales se refieren al cuidado de animales con las fases de la Luna. En un estudio de cuatro años citado por Watson en *Supernature,* se encontró que los hámsteres son más activos inmediatamente después de las Lunas nuevas y de las Lunas llenas. Los guardianes en los zoológicos pueden mostrar que los ciclos de apareamiento de sus animales están de acuerdo con los ciclos lunares. Las golondrinas pardas, las cuales son habitantes de las Ascension Islands, son conocidas como «bien despiertas», porque solamente se aparean durante la noche. Las golondrinas pardas se aparean solamente cada décima Luna.

Los efectos lunares más visibles son las mareas oceánicas. Consecuentemente, los animales que normalmente son parte del ecosistema de las mareas están afectados por los cambios de la Luna. Esto es natural, porque las aguas de las mareas son solamente eso —agua oceánica moviéndose en ciclos lunares—. Estos estudios muestran que si las criaturas de las mareas son sacadas de su hábitat normal a una locación cientos de millas tierra adentro, se adaptan a lo que serían los ciclos de las mareas si su nuevo hogar tuviera una línea costera. Esto fue probado con ostras, incluso cuando se mantenían en contenedores sin exponerse a la luz del Sol o de la Luna. El Grunion (un pez pequeño que vive en las aguas costeras de California y México) conoce en cierto grado del aumento del nivel de las mareas de la primavera. En, o justo después de la Luna llena, cuando las mareas de primavera están a punto de retroceder, el Grunion deposita sus huevos por encima de la línea de la marea alta. Allí los huevos se incuban hasta la siguiente marea alta de primavera, cuando salen las nuevas crías y nadan en la marea.

Los nativos de las aguas de las mareas no son las únicas criaturas que reaccionan ante los cambios de la Luna. Como instructor de buceo, observé que la actividad subacuática se hacía más activa durante la Luna llena, y encontré muchos más tiburones, barracudas, rayas y anguilas bajo el orbe brillante. Un tiburón de seis pies de longitud nadaba a la distancia de mi brazo durante una sumergida nocturna fuera de la costa de la isla Bimini en las Bahamas. Sus movimientos predadores y erráticos indicaban que el tiburón estaba buscando comida. Las linternas subacuáticas solamente emiten un haz de luz corto a través del agua, lo cual limita enormemente la visibilidad, pero esa noche el océano resplandecía con una luminiscencia espectral de la luz de la Luna llena. El hecho de distinguir la figura sombreada contra la luz lunar penetrante me dio tiempo para recuperarme y prepararme para la llegada del tiburón, en lugar de llenarme de pánico cuando esta criatura del tamaño de un hombre se abalanzara hacia el rayo de mi linterna.

En los tiempos pre-cristianos, nuestros ancestros eran cazadores y recolectores. Cuando ellos empezaron a cultivar, se hicieron más dependientes del clima. Anteriormente, las inclemencias del clima inhibían la caza; como cultivadores, un clima inclemente podía arruinar toda la cosecha de un año. Ellos empezaron a darse cuenta de los ciclos naturales y adaptaron sus antiguos rituales a su actual existencia. Nacimiento, vida y muerte eran honrados. El poder de lo femenino se hizo obvio cuando relacionaron sus propias experiencias de nacimiento a las de los animales y las plantas.

Ellos aprendieron observando los patrones a su alrededor y las reacciones de otras criaturas vivas. Muchas leyendas tienen su origen en los hechos. En el tiempo antes de la cristiandad, la gente vivía en asociación con los cambios de estaciones de la naturaleza. Ellos plantaban y cosechaban mediante los relojes solares y lunares y pronosticaban el clima observando las señales de la naturaleza. Cuando se examinan las vidas de los habitantes de esa época, es evidente su creencia en la relación de la Luna con la fertilidad y la agricultura. La relación entre los ciclos solar y lunar y la agricultura continúa hasta hoy en día.

La siembra solar suministra la base para la mayoría de las estaciones de la agricultura. La preparación de la tierra comienza alrededor del equinoccio de la primavera. Esta también es la época para la poda. El cultivo y las primeras siembras comienzan en el equinoccio de la primavera y continúan durante Beltaine (celebración pagana durante la primavera). La primera cosecha empieza en el solsticio de verano, mientras la siembra continúa. La miel es recolectada. La primera cosecha real es en Lammas (celebración pagana durante el verano) y se celebra como el día de acción de gracias. La segunda cosecha es en el equinoccio del otoño y la última es en Hallows (celebración pagana durante el otoño —Halloween—). La cosecha que queda después de la siega se deja caer, permitiendo que la tierra reabsorba lo que se desprende de ésta. Las hierbas, cebollas, ajo y ajíes son colgados para que se sequen. Las semillas son recolectadas para la siembra de la primavera del año siguiente.

La jardinería lunar está basada en la siembra, eliminación de maleza y cosecha durante diferentes fases de la Luna. Estas actividades también son coordinadas con los signos de la Luna. Las siembras generalmente resultan mejor cuando se practican en el primero, el segundo o el tercer cuarto de la Luna, siendo cada cuarto más apropiado para algunas plantas que para otras. La eliminación de la maleza y el cultivo se llevan a cabo mejor en el cuarto cuarto de la Luna. Los signos de Agua (Cáncer, Escorpión y Piscis) son las mejores épocas para la siembra y la irrigación. Las Lunas de Fuego (Aries, Leo y Sagitario) son utilizadas para la eliminación de la maleza y la eliminación de plagas.

La vida de la planta responde a los cambios de la Luna. Existen cientos de historias y creencias sobre la siembra y la cosecha. Algunas porciones del mes lunar son mejores para la siembra que otras, mientras algunas son mejores para la cosecha. La cosecha de las plantas para la comida tiene requerimientos lunares diferentes a los de la cosecha de las mismas plantas para propósitos medicinales.

Los almanaques basados en el ciclo lunar han ayudado a los granjeros a planificar con base en el clima y en el ciclo terrestre de las plantas durante siglos. *The Old Farmer's Almanac fue* establecido en 1792 por su fundador, Robert B. Thomas (1766-1846), y es «la publicación más antigua publicada periódicamente en Norteamérica». Esta publicación contiene historias sobre todos los aspectos de la vida, así como numerosas cartas e índices que contienen asociaciones astronómicas, lugares astronómicos de la Luna y tablas de mareas, para mencionar unos pocos.

Se han llevado a cabo experimentos para determinar la validez de las afirmaciones acerca de la jardinería utilizando la Luna. Como se discutió en la obra *Llewellyn's 1994 Organic Gardening Almanac,* el doctor Clark Timmins dirigió las pruebas en las que los signos de la Luna eran el único indicador para la siembra. Inicialmente no fueron tomadas en cuenta las fases de la Luna. Él descubrió que las remolachas sembradas durante una Luna de Escorpión tenían una rata de germinación del 71 por ciento, en comparación, mientras que el 58 por ciento de las sembradas durante una Luna de Sagitario germinaban. Las caléndulas sembradas durante una Luna de Cáncer tenían una rata de germinación del 90 por ciento, en comparación con una rata del 32 por ciento bajo una Luna de Leo. El doctor Timmins también descubrió que los tomates sembrados durante la Luna de Cáncer tenían una rata de germinación del 90 por ciento, comparado con los tomates sembrados durante una Luna de Leo, los cuales solamente germinaron el 58 por ciento del tiempo.

La experimentación adicional incluyó las fases de la Luna en diferentes signos lunares. Una prueba incluyó el transplante de retoños de tomate durante una Luna creciente de Cáncer y una Luna menguante de Sagitario. Los resultados fueron de un 100 por ciento de rata de supervivencia durante la Luna creciente de Cáncer y de un 100 por ciento de rata de mortalidad para los retoños transplantados durante la Luna menguante de Sagitario.

La prueba llevada a cabo también se dirigió hacia el tamaño de las plantas y del rendimiento. Las plantas sembradas durante una Luna de Cáncer tenían flores doce días antes que aquellas sembradas en Leo.

Las plantas sembradas en Cáncer también fueron considerablemente más grandes, cosechables más pronto y produjeron frutos sustancialmente más grandes que los de las plantas sembradas en Leo,

En cuanto a la agricultura se refiere, las fases de la Luna están divididas básicamente en dos: crecientes y decrecientes. Generalmente las cosechas que crecen sobre la superficie terrestre se deben sembrar durante la Luna creciente y las cosechas que crecen bajo la superficie terrestre se deben plantar durante una Luna menguante. *Llewellyn's 1994 Organic Gardening Almanac* recomienda sembrar durante los cuartos lunares. Durante el primer cuarto siembre anuales frondosos que crecen sobre la tierra y que producen semillas fuera del fruto; en el segundo cuarto siembre enredaderas anuales que crecen sobre la tierra que producen semillas dentro del fruto, excepto pepinos, los cuales dan mejores resultados en el primer cuarto. En el tercer cuarto siembre bienales, perennes, bulbos y plantas de raíces tales como árboles, arbustos, bayas, zanahoria, cebolla y papas. Reserve el cuarto cuarto para eliminación de maleza y cultivo.

Los estudios llevados a cabo desde la II Guerra Mundial que ligan la metamorfosis de la Luna con las enfermedades y las funciones del cuerpo, demuestran nuestra sorprendente relación lunar. En la década de 1940, las muertes por tuberculosis alcanzaron su punto máximo una semana antes de la Luna llena. Esto se explica por la relación entre el pH de la sangre y las fases de la Luna. En *Many Moons*, Diana Brueton indica que una teoría similar existe para la neumonía.

Han existido estudios que muestran que el sangrado producido por las operaciones es considerablemente más intenso durante o cerca al tiempo de la Luna llena. Watson, en *Supernature,* establece que el doctor Edson Andrews, un investigador norteamericano, descubrió que el 82 por ciento de los problemas de sangrado quirúrgico ocurrieron en el segundo y tercer cuarto lunar con un incremento significativo durante la Luna llena.

Los estudios han demostrado una correlación entre los dolores de cabeza por migraña y las Lunas nueva y llena. También se ha descubierto que los patrones de aflicción por migraña coinciden con los ciclos menstruales en la mujer. Lucy, una amiga astróloga, es muy susceptible a los dolores de cabeza por migraña y adquiere uno en asociación con todas las Lunas llenas.

El folclor describe que las mujeres quedan embarazadas durante la Luna llena y que la misma Luna tiene un ciclo menstrual. Aunque sabemos que eso no es cierto, un ciclo menstrual de una mujer tiene aproximadamente la misma duración de una lunación. Los estudios indican que la duración de un ciclo menstrual de una mujer a menudo se mide en asociación con los ciclos lunares y muchas mujeres menstrúan durante una Luna nueva o llena.

También existe un aumento documentado en las ratas de nacimiento durante las Lunas nueva y llena. Un aumento en las ratas de nacimiento fue durante o cerca de la Luna llena documentado por el Tallahassee Memorial Hospital en la década de 1950. Ellos encontraron un incremento sobresaliente en los nacimientos durante la Luna llena. Se encontró una correlación entre el ciclo lunar y la rata de nacimientos en New York City, en donde se estudiaron 510.000 nacimientos entre 1948 y 1958. Según Diana Brueton en *Many Moons,* dos estudios independientes alemanes encontraron una correlación entre la rata de nacimiento y la marea alta.

Durante siglos, el hombre ha culpado a la Luna por sus defectos. Todo el conjunto del comportamiento emocional y de los desmanes ha sido culpa de la Luna, desde llorar en una película de cine hasta conducir erráticamente, las peleas, el alcoholismo e incluso las violaciones y el asesinato.

La Luna llena nos hace enloquecer a todos un poco. Nos convertimos en «lunáticos». Esta relación entre la Luna y esta locura intermitente es uno de los fenómenos relacionados con la Luna discutidos más ampliamente. «Lunático» es la derivación del latín *Luna*. Existen muchos coloquialismos que se refieren a nuestras impresiones de la influencia de la Luna tales como *lunático, locura intermitente, chiflado, soñador, sombra lunar, brillo lunar, ciego lunar,* etc.

Se dice que la Luna tiene el poder de convertir a una persona en hombre lobo. No muchas personas creen que los cambios en la personalidad o en los atributos físicos ocurren a causa de la Luna llena; sin embargo, existe la creencia de que la Luna desata las inhibiciones y aumenta nuestra susceptibilidad a la influencia de otros.

A través de la historia, se ha dicho que el tiempo de la Luna llena transforma a las personas sanas en lunáticas. Los administradores de los manicomios del siglo XVIII eran firmes creyentes de la influencia de la Luna en el psiquis humano, de forma que contrataban personal adicional durante la Luna llena. Las diferencias legales entre estar simplemente afectado por la Luna («lunático») y estar realmente «loco» fue expuesta en la ley. Cien años más tarde, el Acto de 1842 sobre locura intermitente, que se refería al cambio del estado mental de una persona relacionado con el cambio de las fases de la Luna.

Hoy en día, el personal de las salas de emergencias de los hospitales, los servicios de ambulancias y los departamentos de policía y bomberos son conscientes de los cambios que ocurren cuando hay Luna llena. Mientras era tratado de una herida en el pie, mi enfermera relataba historia tras historia sobre que la sala de emergencias se mantenía más ocupada durante esa época del mes. Ella dijo a manera de broma que algunos trabajadores del hospital programaban sus días de descanso durante la Luna llena para evitar el ajetreo.

Yo discutí los efectos de la Luna llena con el jefe de seguridad de una gran cadena de tiendas de departamentos locales. Él me dijo que los robos se incrementaban dramáticamente durante la Luna llena y ellos programaban personal de seguridad extra para enfrentar este incremento.

Los psiquiatras han llevado a cabo muchos experimentos para entender un poco más los efectos de la Luna sobre la humanidad. Los registros indican un aumento sustancial en la admisión a los hospitales mentales durante la Luna llena. La frecuencia de las violaciones, asaltos, incendios premeditados, homicidios, suicidios y otros crímenes violentos aumenta cuando se acerca el tiempo de la Luna nueva y la Luna llena. Se han hecho también muchos estudios que tratan de determinar el alcance del efecto de la Luna en la mente humana y en la capacidad de cometer actos criminales, como se observa en un número de estudios discutidos en *Supernature*.

Un estudio semejante en Ohio encontró que la admisión a los hospitales psiquiátricos debido a quebrantos emocionales se había incrementado significativamente durante y alrededor de las Lunas llenas. En otro estudio, se examinó la evidencia estadística de la actividad criminal en Florida entre los años de 1956 y 1970. El estudio encontró evidencia de un aumento en los asesinatos durante el período de las Lunas nueva y llena. Se encontró que existía un conjunto similar de circunstancias durante el mismo período de tiempo (1956 a 1970) en el condado Dade, Florida, en donde se analizaron 1.887 asesinatos. Posteriores estudios llevados a cabo en Ohio encontraron que la actividad criminal llegó a su punto cumbre no durante las Lunas nueva y llena, sino tres días después. Este retraso fue explicado mediante el hecho que Ohio está situado en latitudes más hacia el Norte.

El científico Adrija Puharich estudió la posibilidad del aumento de conciencia psíquica y de las habilidades telepáticas durante las Lunas nueva y llena. Sus resultados lo llevaron a concluir que las fuerzas gravitacionales que causan las mareas también actúan sobre la conciencia humana. En *Beyond Telepathy*, Puharich detalla sus procedimientos de prueba y resultados. Él se preparó durante cinco años para completar un mes lunar de prueba. La prueba fue llevada a cabo mediante el uso de juegos apareados de cartas y un ambiente controlado. Los re-

sultados indicaron un incremento pronunciado en las habilidades telepáticas durante la Luna llena y un incremento significativo un poco
menor durante la Luna nueva.

La corroboración posterior proviene del doctor Leonard Ravity,
neurólogo, tal como se discutió en *Witchcraft for Tomorrow* de Doreen
Valiente. El doctor Ravity estudió el flujo de los impulsos eléctricos en
el cerebro, concluyendo que la Luna tiene un efecto incrementado de
locura temporal en las personas ya consideradas como inestables. Midiendo los microamperios que fluyen por las vías neurales del cerebro,
el doctor Ravity encontró que estas corrientes aumentaban dramáticamente durante la Luna nueva e incluso más durante la Luna llena.

Las respuestas emocionales que cada uno de nosotros tiene hacia
las fases cambiantes de la Luna y los signos astrológicos pueden no ser
tan obvios como los estudiados en los hospitales psiquiátricos, pero
son reales. Felicidad, tristeza, vigor, apatía, irritabilidad e inestabilidad
emocional, son todas mejoradas por la Luna. Nuestra comprensión de
estos ciclos lunares nos permiten utilizar el poder de la Luna de forma
constructiva.

2
Utilizando la Luna

Mientras la Luna viaja a través de los cielos, ocurren cambios emocionales sutiles. Estos cambios siguen un ciclo junto con el de la Luna. El pronóstico acertado de estas influencias cíclicas facilita un mejor control de nuestras vidas e incrementa dramáticamente nuestra felicidad. Cuando sabemos que la semana que viene será una grandiosa temporada para socializar, tiene sentido estar con amigos en lugar de estar con un libro. La clave es el reconocimiento de estos ciclos emocionales.

El reconocimiento alimenta la calidad de lo que se predice y produce autoconciencia. La autoconciencia solamente proviene de la práctica. Es sorprendente descubrir lo poco que realmente sabemos sobre nosotros mismos e incluso es más sorprendente descubrir cuánto menos estamos dispuestos a admitirlo. La autoconciencia se aumenta a través de ejercicios muy simples, tales como la escritura de un diario. Lograr un mejor entendimiento de nosotros mismos fomenta la compasión hacia los demás.

EL DIARIO

El diario es la base del descubrimiento de sí mismo. Escribir sobre los sentimientos lleva al descubrimiento de verdades ocultas. Un diario suministra un medio de explorar en forma privada las reacciones emo-

cionales mientras se comparan con las situaciones previas. Este diario
no tiene nada que ver con el mundo físico —es un lugar para registrar
sentimientos honestamente—. Un diario no es para reemplazar conversaciones íntimas con los amigos; en lugar de esto, es un lugar seguro para comunicarse honestamente consigo mismo.

Escriba en él después de un baño de sal o una meditación o cuando
se sienta la necesidad de hablar. (Un baño de sal es una forma de limpieza y meditación emocional. Prepare un baño tibio y disuelva en éste
dos o tres cucharadas de sal marina. Coloque algunas velas alrededor
en el borde de la tina, apague la luz y cierre la puerta. Relájese y deje
que los problemas del día salgan de su cuerpo y se sumerjan en el agua.
Deje que su mente se relaje.)

Los sueños son otro buen tema para un diario. Estos traen con frecuencia un mensaje simple a pesar de que las circunstancias sean un
poco raras. Una teoría de la interpretación de los sueños sostiene que
muchos de los caracteres en un sueño representan diferentes aspectos
de quien sueña,

La única información esencial para cada entrada del diario es la
fecha, hora y los signos de Sol y de Luna. Para determinar los signos de Sol y de Luna se necesitará un calendario astrológico o efemérides.

No utilice grabadora. Escriba a mano o digite en un computador.
El acto de escribir hace lento los procesos de pensamiento y mejora la
atención en los detalles. Escribir ayuda a evitar el pensamiento deseo-
so y las mentiras que nos decimos a nosotros mismos y a enfocarnos
en nuestras verdaderas emociones.

Mi escritura del diario consiste en historias de una o dos páginas
sobre cualquier cosa que atrae mi atención. He descubierto que mi estado emocional se expresa claramente en mis historias. Una vez escribí
sobre una solitaria botella de cerveza que estaba en la mesa cerca de mí
en vez de estar en el depósito de reciclaje con todas sus amigas.

Evite la meditación cuando la Luna esté desprovista de rumbo. Durante este período de tiempo las influencias lunares no se entienden claramente. La Luna está empezando a tomar las características del siguiente signo astrológico pero no ha abandonado completamente el último signo. Mucha gente «siente» el efecto del siguiente signo lunar más fuerte cuando se está cerca del momento en que la Luna carente de curso entra al signo siguiente. Para estas personas el efecto de la Luna carente de rumbo será típico pero no absoluto. Esto se simboliza en el calendario astrológico con una Luna creciente seguida de «v/c» y una hora. La Luna está desprovista de rumbo a la hora indicada y regresa cuando pasa al siguiente signo. Ver el capítulo 4 para una discusión detallada sobre la Luna carente de rumbo.

EMOCIONES LUNARES

Marque una página del diario para cada Luna; por ejemplo, «Luna en Aries». Esta página es para los sentimientos generales sobre la vida, el trabajo y las relaciones. ¿Se está sintiendo organizado, energizado, intenso, profundamente pensativo, ansioso, triste, enojado, feliz, gozoso, amoroso, seguro o inseguro? ¿Siente la necesidad de reír, hablar, emitir sonrisillas o simplemente de tener un buen llanto? ¿Desea participar y compartir con los demás o preferiría pasar el tiempo solo? ¿Siente ganas de salir huyendo? Trate de explicar exactamente cómo se siente acerca de la vida en general. Recuerde, «no sé cómo me siento» es un sentimiento pero también puede ser una excusa para no reconocer o admitir la verdad. Cada vez que se acerque la Luna de Aries, regrese a la hoja de la Luna de Aries y revise las entradas para posibles adiciones.

EL DIARIO DE ENERGÍA

Otra técnica de auto-descubrimiento que recomiendo es el diario de energía. Actualizado regularmente, el diario de energía rastrea el nivel de energía física que experimentamos. La energía de todas las personas fluctúa. En algunos días nos sentimos sobrecargados y en otros nos movemos despacio. Disfrutamos el sueño maravilloso y tranquilo durante algunas noches pero solamente dormimos por intervalos en otras noches. Rastreando los niveles de energía durante un período de tiempo, se hace evidente el efecto de la Luna en las actividades diarias.

Llene uno de estos formatos todos los días. La parte superior incluye el día y la fecha, el signo y la fase de la Luna. Para las mujeres, es importante rastrear el ciclo menstrual, el cual a menudo ocurre a la par con el ciclo lunar y puede agregar energía a las emociones.

Comience cada mañana llenando el formato. Tome nota de su nivel de energía al despertar. No se preocupe por la hora exacta, utilice la hora más cercana. Es suficiente colocar una «X» o un punto en el cuadrado que representa la hora y el nivel de energía. Registre su nivel de energía cada hora durante el resto del día. Nuevamente, no tiene que ser hecho exactamente sobre la hora. Registrarlo cada tres o cuatro horas estará bien. No es necesario despertarse durante la noche para llenar el formato; sin embargo, es importante evaluar el sueño nocturno a la mañana siguiente.

Esta técnica suministra una comprensión de las fluctuaciones del nivel de energía diaria y enseña la capacidad de reconocer instantáneamente cuándo ocurren y por qué. Un pobre descanso nocturno ya no será más un misterio. Un día grandioso ya no será un accidente.

Aquí hay un ejemplo que puede ser usado como base para la escala de energía de cero hasta diez:

0 Muerto para el mundo.

1 Un sueño inducido por alcohol o por drogas.

2 Un sueño profundo.

3 Un sueño normal y tranquilo.

4 Un sueño ligero.

5 Comienza a moverte —necesidad de esa primera taza de café—.

6 Un día de baja energía —las palabrerías—.

7 Un día promedio.

8 Un día superior —sintiéndose muy bien—.

9 Un día excitante y energizado.

10 Un estado intensamente excitado —camina sobre el fuego—.

Cualquier escala será satisfactoria. El objetivo es aprender qué nivel de intensidad o de energía se puede esperar de cada Luna. El vínculo entre los niveles personales de energía y el ciclo de la Luna se volverán obvios, como la única firma de energía del cuerpo. La energía de todos fluctúa durante el día en patrones muy predecibles.

Describa brevemente al respaldo, en la parte baja o en otro espacio vacío del diario de energía las actividades del día y su nivel personal de participación. ¿Estuvo usted totalmente presente todas las veces o estaba distraído y por qué?

Una vez que haya mantenido el diario durante un mes, la información recolectada necesitará ser analizada. Busque repetición en las cartas y en la información del diario, así como en los sentimientos, emociones y niveles de energía. Los resultados pueden indicar que es mejor utilizar una Luna de Virgo para las tareas analíticas y que es la Luna perfecta para resumir los resultados.

La Luna es una influencia positiva cuando pasa por nuestro signo solar natal y trae energía extra y sentimientos de gozo. Casi cualquier cosa puede ser llevada a cabo sin temer al trabajo. Esto es cierto en todas las personas en diferentes grados. Contrariamente, cuando la Luna está en el signo solar opuesto, esto producirá tiempos desafiantes y disminuye los niveles de energía. Esto también es un fenómeno común para todos, pero en diferentes intensidades.

La siguiente es una lista de los signos solares dispuestos en forma opuesta. Busque su signo solar y junto a éste estará el signo opuesto. Con esta información puede observar en la esquina superior derecha de su calendario astrológico y determinar rápidamente los días que serán más alegres y reconfortantes y cuáles serán los más difíciles y desafiantes:

- Aries/Libra
- Tauro/Escorpión
- Géminis/Sagitario
- Cáncer/Capricornio
- Leo/Acuario
- Virgo/Piscis

DIARIO DE ENERGÍA

Fecha: _____ / _____ / _____   Día: _____

Fase de la Luna: _____ Signo lunar: _____

Día de la menstruación: _____ Nivel de energía promedio: _____

Horas de trabajo: _____ Horas de sueño: _____

Hora	0	1	2	3	4	5	6	7	8	9	10
12 a.m.											
1 a.m.											
2 a.m.											

3 a.m.										
4 a.m.										
5 a.m.										
6 a.m.										
7 a.m.										
8 a.m.										
9 a.m.										
10 a.m.										
11 a.m.										
12 p.m.										
1 p.m.										
2 p.m.										
3 p.m.										
4 p.m.										
5 p.m.										
6 p.m.										
7 p.m.										
8 p.m.										
9 p.m.										
10 p.m.										
11 p.m.										

Cuando la Luna está en Tauro, mi signo solar, estoy energizado, lleno de vida y tengo un sorprendente deseo de jugar. Por el contrario, cuando la Luna está en Escorpión, mi nivel de energía es bajo. Examine todo el diario de energía completa buscando los días con energía aumentada o disminuida. Busque patrones y ciclos. Empiece su investigación examinando las horas de la mañana. ¿Se mueve lentamente después de despertarse por la mañana? ¿Le toma mucho tiempo empezar a moverse y solamente después de dos tazas de café? Si normalmente empieza lentamente, busque los días con niveles de energía incrementados más temprano en su día. ¿Hubo un día o serie de días en los que saltó de la cama? ¿Experimentó uno o más días un rebote extra en su rutina o en el cual cantó durante todo el camino a su trabajo?

Enseguida, concéntrese hacia el mediodía en y en la tarde y luego en el ocaso y la noche. ¿Cómo durmió? ¿Estuvo sobresaltado toda la noche? ¿Cerró los ojos y los abrió para darse cuenta que ya había llegado la mañana? ¿Tuvo algún sueño? ¿Sus sueños fueron tan intensos que ellos interrumpieron realmente su sueño?

Estos patrones suministran un reflejo de la influencia de la Luna. Una serie de días en un estado de ánimo en particular es el indicador más fácil de reconocer. Un solo día apasionado no es necesariamente importante. Rápidamente será muy fácil reconocer una serie de días. Esta habilidad se extenderá a días individuales e incluso a momentos de la influencia lunar.

Yo he descubierto muchas cosas a través de este análisis. Mis mejores horas para escribir son las mañanas y tarde en las noches. Al mediodía, mi mente está tan ocupada con otras cosas que no puedo permanecer concentrado el tiempo suficiente para ser productivo en mi escritura. He descubierto que la Luna de Virgo es particularmente conducente a editar y la Luna de Géminis mejora la creatividad.

Un resumen lunar mensual (vea la siguiente tabla) puede ayudarle a encontrar patrones emocionales cíclicos. Delinee el nivel de energía promedio de las cartas diarias de energía durante un mes contra los días que gasta la Luna en cada signo zodiacal. Esto le dará un mejor pensamiento de las diferencias de los signos.

Busque patrones. Un período de un mes puede empezar a mostrar un ciclo en sus respuestas emocionales y en su comportamiento. Extender esta carta por un período más extenso incrementará la exactitud de su análisis.

Utilice esta carta para examinar horas particulares del día. Si las seis en punto de la tarde con frecuencia es desafiante, utilice este ejercicio para examinar más de cerca su susceptibilidad emocional a las influencias de la Luna a esa hora. Se necesita registrar en la carta solamente su nivel de energía a las seis en punto todos los días y observar si emerge un patrón.

Haga una nota mental siempre que se sienta emocionalmente unido a una situación o experiencia en particular. Revise el signo lunar en comparación con sus emociones. Puede emerger un patrón que indique una tendencia a responder genéricamente durante ese signo lunar en particular. Yo altero con facilidad mi temperamento en una Luna de Aries. Hago bromas con los demás en una Luna de Acuario pero estoy menos dispuesto a compartir mi vida personal.

La Luna de Cáncer ha sido mi mejor profesor de auto-honestidad y de responsabilidad. Yo acostumbraba a mentirme a mí mismo sobre mi vida y mis relaciones y culpaba a todos los demás por mis problemas. Mi estado de ánimo cambiaba rápidamente cuando me enfrentaba a la verdad. No podía contener las lágrimas. Tan pronto como la Luna de Cáncer había resquebrajado mi barrera emocional, quedaba inundado por el flujo de emoción torrencial resultante. Con el tiempo, estas aguas retrocedieron y fueron reemplazadas con auto-honestidad. Yo descubrí que la única persona que creía en mis mentiras era yo mismo y acepté la responsabilidad de mis experiencias.

Cuando me sorprendía escuchándome a mí mismo culpando a otro, inmediatamente «chequeaba» para ver quién era el responsable. Cuando empecé a inclinarme por la noción a favor de aceptar la responsabilidad, dejé a un lado los bloques emocionales de culpa y de víctima.

Esta es su vida, no la del zodiaco. Todo lo que usted hace o dice y todas las respuestas a los estímulos en su vida, son su responsabilidad. Yo creo en la regla de tres: mis acciones regresan a mí tres veces. Por lo tanto, yo me responsabilizo de las cosas que suceden en mi vida.

RESUMEN LUNAR MENSUAL

Mes: _____

Día	Signo lunar	0	1	2	3	4	5	6	7	8	9	10

Día	Signo lunar	0	1	2	3	4	5	6	7	8	9	10

3

Las fases de la Luna

Cada fase de la Luna puede ejercer su influencia sobre cualquier situación. Sabemos que las Lunas nueva y llena aumentan nuestra sensibilidad emocional. La Luna creciente y la menguante también pueden influir.

El primer cuarto o Luna nueva es una temporada para nuevos comienzos. Las energías solar y lunar se unen y van en la misma dirección, lo cual ofrece un impulso de vida nueva. Los comienzos se convierten en acciones instintivas o intuitivas. Como todo está apartado de la luz durante la Luna oscura, los sueños y las inspiraciones al despertar con frecuencia traen las respuestas. Nuestro yo interior escucha naturalmente los ritmos del mundo y está consciente de lo invisible.

Poco antes de la Luna nueva, la propietaria de una librería de la Nueva Era me contó una historia. Aparentemente, ella estaba tan ocupada con sus actividades diarias, que rara vez tenía tiempo para leer los libros de su tienda. Cuando se acercaba la temporada de la Luna nueva, sus capacidades intuitivas estaban en su máximo nivel y ella podía recomendar libros sin haberlos leído. Ella compaginaba sus «sensaciones» acerca de una persona con sus «sensaciones» acerca de un libro. La retroalimentación que ella recibía de sus clientes era muy positiva.

Hacia finales del primer cuarto, la Luna y el Sol ya no se encuentran en alineación relativa. La Luna ejerce una influencia más fuerte; ésta mantiene su presencia energética pero ya no está incrementada por el Sol. Las energías del Sol y de la Luna se combinan de nuevo durante la

Luna llena, cuando se encuentran opuestos entre sí. Hasta entonces, la recién formada Luna creciente brilla y crece fomentando todo lo que sea positivo. Esta es la época para finalizar planes y progresar. Reúna sus energías y diríjalas hacia nuevos objetivos.

El segundo cuarto es una etapa para trabajar en cosas ya iniciadas. Aplique energía activa hacia la conclusión, la producción o el fomento de proyectos o actividades iniciadas previamente. Bajo la luz de la Luna de crecimiento sostenido, el progreso hacia los objetivos debe tener un buen comienzo. A medida que la Luna llena se acerca, se deben dar los toques finales para perfeccionar lo que se desea.

Michael hace cuchillos mágicos (*athames*) a mano para una clientela selecta. Él es muy particular, al igual que sus clientes, acerca de la fase de la Luna en la que él fabrica estos cuchillos. Solamente forja, templa y afila los cuchillos o moldea las empuñaduras durante el primero y segundo cuarto. Él brilla las hojas, decora las empuñaduras y cose las fundas en los últimos días del segundo cuarto y termina sus cuchillos durante la Luna llena.

El tercer cuarto comienza con la Luna llena, la cual señala el tiempo para la terminación. Lo que se inició durante la Luna nueva ha llegado a la madurez. La Luna llena representa la cúspide de las energías lunares vivificantes y cuando se aparean con las energías solares opuestas, recibimos todo lo que la naturaleza tiene para ofrecer. Esta es la época en que los esfuerzos cumplen su propósito. Nuestro trabajo está completo y debemos utilizar aquello que tanto trabajo nos ha costado crear. A medida que nos acercamos al último cuarto, el principal mandato es la realización. La idea original se ha hecho realidad. Con el avance de este cuarto, empiece a considerar el exceso que debe ser reducido.

El último cuarto es una época para la destrucción o la desintegración. Es un período para eliminar lo innecesario y abrir espacio a lo nuevo. Ya hemos celebrado lo suficiente nuestro éxito y ahora debemos librarnos nosotros mismos de viejas ideas y planes para dar cabida a nuevas inspiraciones. Este es el tiempo de desmantelar aquello que ha sido productivo para, eventualmente, abrir espacio a una vida nueva en la tierra recientemente fertilizada. La luz está disminuyendo a medida que la oscuridad empieza a tomar el control. Michael interrumpe su surtido y limpia su forjado durante el último cuarto de la Luna.

Cuando surge la necesidad de destrucción, ésta debería sacarse a la luz durante el tercer cuarto y dejar que se extinga, al igual que con todas las cosas durante los últimos dos cuartos de la Luna. La Luna oscura llega con sus propias lecciones. La Luna está opaca en los últimos días de este cuarto, el cual es el tiempo para que la naturaleza descanse y se recupere. Al completar el ciclo de nacimiento, vida y muerte, el alma permanece en esta oscuridad para concentrarse en las lecciones de esta encarnación. Estas enseñanzas permanecen en primer lugar en el pensamiento y deben ser condensadas y convertidas en una visión que se debe construir en la próxima vida. En esta fase el pasado se compromete con el futuro. La introspección es una palabra clave para la Luna oscura. Debido a que la mayoría de trabajo que ocurre durante esta Luna es de naturaleza intuitiva, las intenciones y las afirmaciones son la mejor esperanza para dejar descansando permanentemente lo que está muerto.

El cambio de luz a oscuridad y viceversa es un fenómeno natural. A medida que la Luna se mueve alrededor de la tierra y la tierra se mueve alrededor del Sol, siempre hay un lado oscuro y uno de luz. La oscuridad ha estado asociada a menudo con la maldad y generalmente se considera que la luz mantiene la bondad de todas las cosas. Probablemente esta creencia se da porque la oscuridad oculta todo en su reino, mientras que la luz es aparentemente transparente y abierta por naturaleza. Estas creencias son, en cierta forma, desafortunadas, porque cada uno de nosotros tiene un lado oscuro —un yo interior oculto—.

La meditación nos da acceso a nuestra oscuridad y eleva nuestro nivel de conciencia de forma que podemos entender la relación entre los aspectos de oscuridad y luz, de los cuales se compone el alma.

En astrología, el templo del alma se simboliza con la Luna. La antigua enseñanza religiosa y aún hoy en día, insiste en que todas las cosas deben estar en equilibrio. El alma no es la excepción y debe estar equilibrada entre los aspectos de oscuridad y luz. Cada uno de ellos lleva su propia corriente de vida: luz asociada con el Sol y oscuridad asociada con la Luna. El Sol y la energía de vida que recibimos de él, se relaciona con la persona exterior productiva. Esta es la parte de nuestro ser que tiene que ver con las actividades diarias y controla nuestras horas de vigilia. El Sol suministra vida y energía y vitaliza todas las partes de nuestro cuerpo físico.

Los estudios han demostrado que la depresión aparece cuando el cuerpo humano no recibe suficiente exposición a la luz solar. Este tipo de depresión es conocido como desorden afectivo temporal. Según los doctores Robert M. Giller y Kathy Matthews en su libro *Natural Prescriptions,* este desorden es una forma de depresión que está relacionada aparentemente con la estimulación de la luz a la retina. El desorden afectivo temporal es cuatro veces más frecuente en las mujeres y es sufrido por el 5% de las poblaciones del Norte. A diferencia de otras formas de depresión, ésta afecta principalmente al individuo durante los meses de invierno. Quienes sufren de este desorden experimentan pérdida de energía, aumento de la ansiedad, disminución del interés sexual, exceso de sueño, excesos en las comidas y aumento de peso.

Yo nací en el Suroeste del desierto y a la edad de treinta y siete años me mudé a Portland, Oregon, en donde el clima es totalmente diferente al de mi lugar de nacimiento. Al Noroeste del Pacífico son comunes los días de niebla y nublados; de hecho, tan comunes que los habitantes celebran los días soleados. Incluso durante los meses de invierno, los habitantes de Portland visten pantalones cortos y camisetas cuando el Sol se muestra tímidamente. Cuando el Sol no ha salido por un largo período de tiempo, la gente se vuelve inquieta, irritable y deprimida.

El «lado oscuro» de nuestro ser está representado por la Luna; es nuestro lado invisible, el cual normalmente está activo durante la noche, cuando la mente consciente está descansando. El yo lunar está compuesto por las mentes superconsciente y subconsciente. En numerología, la Luna está asociada con el número 2; éste representa los dos lados de la vida: La luz y la oscuridad y la dualidad del alma.

Nuestra alma es esta energía. Ella alimenta todo lo que somos y todo aquello en lo que nos convertiremos. Nuestros secretos, recuerdos, miedos y vidas pasadas reposan en lo más profundo del alma. Imagine el alma como un océano, el cual es ilimitado. Dentro de ella encontramos historia y todas las vidas que se han presentado antes. Así como el océano es circundante, también lo es el alma y la mente subconsciente con el inconsciente colectivo.

El psicólogo Carl Jung desarrolló la teoría del inconsciente colectivo para explicar las «conexiones» que tenemos unos con otros y con nuestras vidas anteriores. Él llevó a cabo experimentos que demostraron una compatibilidad astrológica entre parejas casadas, más allá de la simple casualidad. Su teoría indica que estamos conectados colectivamente por una conciencia que de otra forma pasaría desapercibida. Esto se puede explorar con la cantidad requerida de valor y honestidad.

Las vidas pasadas son recordadas con frecuencia. Un ejemplo es cuando conocemos a alguien y sentimos como si lo hubiéramos conocido antes. La mente subconsciente toca ligeramente el inconsciente colectivo y recuerda nuestra historia asociada. Más que recordar esa historia, sentimos una conexión instantánea con nuestro «viejo amigo» al reconocer alguna cualidad de su personalidad, de la cual siempre hemos disfrutado.

El mundo interior es donde nos retiramos para lograr una revitalización. Esto ocurre durante el sueño. Los sueños resuelven problemas en un nivel tan profundo que con frecuencia nos permitimos ver conscientemente. Esta reenergización del alma también ocurre a la hora de la muerte, cuando examinamos lo que se ha logrado en la última vida y hacemos planes para la siguiente.

Así como el océano es la fuente de toda vida, la energía del alma es la fuente de nuestra fortaleza interior. La personalidad masculina solamente puede ser alimentada a partir del yo interior femenino. Somos el producto de nuestra alma, a la cual se le ha dado forma y ha sido moldeada a través de muchas vidas y de nuestro ego, el cual enmascara ante el mundo nuestra verdadera personalidad en general. Este mecanismo de protección es una parte esencial de nuestro ser, pero a veces atenta contra la integridad. Permitiendo que la honestidad florezca por dentro, podemos poner el ego en equilibrio, demostrándonos así a nosotros mismos y al mundo real, una persona maravillosa detrás de la máscara.

4
Efectos del signo lunar

El viaje interminable de la Luna a través de los cielos nos trae una fuente de energía e influencia. En algunos aspectos la influencia de la Luna es constante, en otros está siempre cambiando. Cada Luna llena está asociada con un signo astrológico particular y ocurre en el mismo mes solar cada año; esto es cierto también en el caso de las Lunas nuevas. La Luna llena de Tauro brilla cada año cuando el Sol está en Escorpión, que aparece opuesto a Tauro y la Luna nueva de Tauro ocurre cuando el Sol está en Tauro. Este patrón constante se establece contra la variabilidad en que las Lunas llena y nueva ocurren durante un mes dado y las fases cambiantes de la Luna.

La influencia energética de la Luna sobre nuestros cuerpos, mentes y almas manifiesta la misma dicotomía constantemente cambiante que su presencia física en nuestras vidas. En forma continua se origina del movimiento cíclico de la Luna, que constantemente ejerce su primitivo tirón. Las diferencias yacen en los signos astrológicos y las fases lunares. Mientras la Luna se mueve de signo a signo y de fase a fase, su influencia sobre nosotros cambia en sustancia e intensidad.

En adición a estos cambios están las diferentes combinaciones de signos y fases lunares que experimentamos durante el ciclo de Metón de la Luna. Este se refiere al ciclo de diecinueve años, que fue descubierto por un astrónomo ateniense, Metón. Aproximadamente cada diecinueve años, la Luna nueva ocurre en el mismo día. Esto hace a la Luna matemáticamente predecible y curiosamente impredecible.

En las siguientes páginas exploraremos la influencia de cada signo lunar sobre nosotros. Esta información se incluye como una base para discutir y diferenciar el efecto de la Luna sobre nuestras emociones desde cada signo astrológico. Lo presentado a continuación es generalizado y puede no aplicarse a todos, pues hay otros factores que influyen, tales como la fase de la Luna y los demás planetas en el horóscopo natal. Use la información como una referencia. Relacionar esta información con nuestras experiencias nos ayuda a entendernos a nosotros mismos y sirve como una base para comprender los cambios que sufrimos mientras la Luna viaja a lo largo de su autopista celestial.

Influencias lunares
de la Luna de Aries
♈

Cuando la Luna pasa a través de Aries, todos, sin considerar nuestro signo lunar o solar, recibiremos una buena dosis de energía ariana. Esto puede ser muy positivo o negativo dependiendo de nuestra habilidad para absorber y manejar esta energía. La Luna de Aries agregará combustible a cualquier fuego que pudiera estar ardiendo en el tiempo. Una relación tranquila podría encenderse con emoción o una situación a punto de descontrolarse explotará con intensidad, dependiendo de las influencias subyacentes.

No planee dormirse tarde o acostarse frente al televisor durante una Luna ariana. Este es un tiempo para realizar cosas. Use su energía favorable comenzando algo que ha sido aplazado. Mantenga su concentración en cosas que necesitan atención adicional. Si la vida es intensa mientras la Luna está en Aries, entienda que la energía recibida aumenta enormemente las emociones. Nuestros sentimientos son heridos más fácilmente y somos rápidos para responder con ataques verbales.

Una buena amiga y yo nos ponemos de mal genio durante la Luna ariana. Hemos aprendido que en esta época debemos eludirnos o ser inusualmente conscientes de nuestras palabras y nuestros actos. Esto es especialmente cierto por teléfono, pues el lenguaje corporal no está disponible para contar la historia no hablada. Una sonrisa luego de una afirmación puede hacer una enorme diferencia.

La Luna de Aries debe ser usada para realizar cosas de las cuales saquemos satisfacción al lograrlas. Esta Luna desde luego nos estimula si el premio es algún grado de orgullo o reconocimiento. Lo mejor es una actividad o un proyecto desafiante pero divertido.

Influencias lunares
de la Luna de Tauro

La personalidad de la Luna en Tauro es de comodidad, confiabilidad, constancia y estabilidad. Este es un signo femenino y de tierra.

Nuestro nivel de paciencia aumentará. Podemos responder a las personas de manera sumisa, al menos hasta que hayamos alcanzado nuestro límite emocional. Una vez en dicho punto, la ira podría estallar como una supernova, permitiendo que tomen el control los instintos básicos. La Luna de Tauro aumenta la fuerza de voluntad; también ayudará a terminar tareas iniciadas previamente, pero impedirá comenzar algo nuevo.

Según la fase lunar y otras circunstancias, las influencias de esta Luna pueden ser percibidas como negativas. Los niveles de energía personal podrían parecer reducidos. La Luna taureana es el primer signo de tierra y promueve la cimentación, con profundas raíces como un árbol de gran crecimiento. Podemos estar inclinados a ocultarnos o a aislarnos; sería más fácil tomar una siesta. Sin embargo, cuando recibimos las influencias positivas de esta Luna, nuestro nivel de energía aumenta dramáticamente.

Me siento bien con las energías de la Luna de Tauro y me vigorizo por ellas. Esta influencia es probablemente el período de tiempo más alegre y productivo para mí. Hay otras Lunas en las cuales experimento alegría y placer, pero muy pocas son tan constantemente productivas.

Los grandes cambios no están en las estrellas durante esta Luna. La estabilidad está presente para quienes son afectados por una Luna taureana. Arriesgarse fuera del camino dominado no es fácil, a menos que usted esté muy motivado; sin embargo, esta estabilidad aumenta la fuerza interior de la cual crecerá la alegría dentro de su ser.

Esta Luna no será un período fácil para compartir bienes. La Luna taureana y los signos solares son bastante materialistas y, bajo la influencia de la Luna de Tauro, nos sentimos de la mima forma. Además, si tomamos prestadas las posesiones de otras personas, es necesario cuidarlas muy bien.

Este es un buen tiempo para tratar asuntos financieros. Su naturaleza práctica será intensificada y lo que involucre dinero será un poco menos místico. Aprenda a ahorrar dinero en todas las Lunas de tierra, especialmente en ésta, ya que su necesidad de conservar recursos será mayor.

El materialismo de esta Luna lo tentará a comprar cosas que desea pero que de otra manera se privaría. He experimentado esta sensación muchas veces y he encontrado difícil superarla. Un buen compromiso para mí es salir a comprar comestibles.

Usted se sentirá mucho más feliz en este tiempo. Además de promover seguridad y paciencia, la Luna taureana aumentará la terquedad y el vigor. Al encontrar el artículo exacto que ha estado buscando, lo comprará sin pensarlo dos veces. Esto es especialmente cierto si el objeto deseado es de belleza, amor o estatura.

La fortaleza interior y terquedad del toro, junto con su naturaleza práctica, le ayudará a alcanzar cualquier objetivo, asumiendo que el proceso ya ha comenzado. La Luna taureana generalmente permite dos elecciones: Sentarse y esperar a ver lo que sucede, o terminar algo previamente iniciado. Las nuevas actividades usualmente no son una opción.

Esta influencia hará surgir su naturaleza humanitaria y de apoyo. Podría incluso ser descrito como sensible. La conexión entre la Luna de Tauro y su signo opuesto, Escorpión, además del vínculo entre la Luna y Cáncer, sacarán su parte romántica. Iniciar una nueva relación en este tiempo no sería mi primera elección, pero resultaría bueno mantener una relación existente.

Influencias lunares
de la Luna de Géminis
♊

Representada en los cielos por los gemelos, la influencia de la Luna de Géminis sobre su personalidad lo hará sentir como si fuera dos gemelos, pero no idénticos. Será fácilmente dividido entre el ser solar exterior y el ser lunar interior. Durante esta Luna el ser interior puede permanecer oculto muy adentro en la oscuridad, mientras la persona externa niega su existencia. Esta dicotomía puede causar un conflicto interno que, si no es manejado cuidadosamente, originará frecuentes cambios de humor.

La Luna geminiana aumentará sus cualidades extrovertidas, lo cual podría usarse favorablemente al tratar con los demás. La mente se mueve de una cosa a otra rápidamente, casi de forma instantánea. Si el «regalo de cotorreo» es algo que siempre ha esperado, lo encontrará en esta Luna. Alerta y creativa, su habilidad para desarrollar una conversación con otras personas será mejorada por un sentido del humor rápido y agudo. Esto podría resultar fuera de control si la conversación se convierte en coqueteo.

Las respuestas instintivas estarán a tope; su primera reacción probablemente será la mejor. La Luna de Géminis es un período para disfrutar con la gente y divertirse. Las habilidades comunicativas estarán en su máximo potencial y su nivel de energía será suficiente para dos. Evite impacientarse con los demás —es una posibilidad real en su estado energizado—. La Luna de Géminis es inquieta. Usted cambiará rápidamente de un pensamiento a otro y de una conversación a otra, no tanto por falta de dirección sino por mera intranquilidad. Esta es una Luna de aire, así que debe esperarse frivolidad.

El aligeramiento del intelecto que ocurre durante esta influencia, puede ser usado para resolver problemas que lo han agobiado, especialmente en la Luna de Tauro. Las relaciones amorosas caen bajo esta influencia racional, que puede originar soluciones positivas a difíciles problemas emocionales. Aunque la intuición es de gran uso, su disposición para escuchar es muy baja en esta Luna.

Yo encuentro confusa la influencia de esta Luna. Por un lado, quiero ser abierto y comunicativo, pero por otro deseo esconderme. Es difícil para mí integrar completamente la polaridad de esta Luna y me es menos cómoda que otras.

Influencias lunares
de la Luna de Cáncer

Abróchese el cinturón porque esta Luna puede ser un gran paseo. Cáncer es regido por la Luna y la influencia de la Luna de este signo es profunda e intensa. Cáncer es un signo de agua, femenino y, con su regidor lunar, intensificará el rango completo de emociones —desde la más alta de las altas hasta la más baja de las bajas—. Las fases lunares en Cáncer también afectan enormemente su estado emocional.

Esta influencia le permitirá entender el ser interior explorando sus emociones. Es ahora cuando los sentimientos reprimidos durante mucho tiempo salen a la superficie y son observados. Si la Luna alimenta su alma, ésta es como una línea intravenosa hacia el corazón.

En esta Luna estoy sujeto a reacciones emocionales rápidas. Situaciones intensas, incluyendo las representadas en películas y libros, me afectan profundamente. No puedo decirle cuántas veces he llorado por una escena heroica en una película de mala calidad o en cuántas ocasiones fui enviado a una introspección profunda después de quedar absorto en una experiencia cinematográfica realmente hermosa.

Esta no es una Luna que pueda ser fácilmente «usada» para su propia agenda; ella lo usará a usted. La única forma en que puede manejarla de manera positiva es siendo honesto consigo mismo, no sólo durante esta influencia, sino a todo momento. La deshonestidad es la que atrapa monstruos emocionales en las profundidades de su ser interno. La Luna de Cáncer tiene una extraordinaria forma de liberar dichos monstruos. No hay manera de detener o esconderse de esta influencia lunar.

Lo mejor que puede hacer para minimizar los efectos de una Luna es abrirse a ella. Esté listo a escuchar lo que dirá su voz interior. Una buena disposición para escuchar es esencial para recibir el mensaje, de una forma u otra.

Escuche a su alma y aprenda de ella. Su ser interior trata de mostrarle cosas que usted oculta dentro de sí mismo y se rehúsa a reconocer. Puede ver la diferencia entre quién es usted y la imagen que proyecta al mundo. Cuando sea más abierto y honesto consigo mismo, empezará a mostrarle al mundo su verdadero ser. Mientras esto sucede, los seres interior y exterior empiezan a unirse y reflejan las mismas características personales. Al hacerlo, disminuirá la probabilidad de que las emociones reprimidas sean atrapadas en la oscuridad de la psique, esperando atacar. También puede encontrar que el mundo en general prefiere a la persona que usted realmente es, más que a la persona que desea proyectar.

He encontrado que soy más honesto conmigo mismo en esta Luna que en otras. Con esta influencia confío en mis sentimientos y emociones e ignoro las mentiras basadas en el ego.

Hace varios años, durante mi divorcio, tuve dificultad para vivir con integridad personal. Fue complicado determinar exactamente cómo me sentía conmigo mismo y los demás o con mi trabajo y mi vida en general, porque las mentiras que me decía estaban diseñadas para proteger mi ego. En este punto me convertí en un revoltijo de emociones y completamente inútil durante la Luna de Cáncer. Sólo lloraba. Al reconocer que estos pocos días de cada mes debían ser un tiempo de honesto autoanálisis, pude tomar ventaja de este conocimiento y empecé a ordenar mi vida. El auto-análisis logrado en la Luna canceriana me permitió determinar lo que quería de la vida. Luego alcancé lo deseado estableciendo objetivos y trazando una ruta para conseguirlos. Aunque esta Luna puede ser la más difícil, también puede ser la más valiosa.

Influencias lunares
de la Luna de Leo
♌

Cuando la Luna pasa por Leo, usted puede experimentar una cálida sensación de alivio. Este signo de fuego emana orgullo, calor y generosidad, además de dominación, extravagancia y rectitud. Cuando sea afectado por este signo, podría volverse bastante dramático en sus acciones y exigir la admiración de los demás.

El león es el rey de la jungla. Cuando la Luna esté en Leo, deseará gobernar sobre sus dominios. Regida por el Sol, la Luna de Leo es masculina y lo ayuda a revelar sus sentimientos a otras personas. Su vistoso encanto atrae la atención y su cálida y decorosa conducta captura la apreciación de los demás. Tenga cuidado de no ser demasiado testarudo. El orgullo o la dominación de las personas puede minar o negar la aceptación y apreciación que busca.

Este puede ser un tiempo para simplemente tomar el Sol en la playa. La Luna de Leo tiene una ardiente energía, pero su influencia está más en la personalidad que en la acción. Cuente una buena historia y dé muchos consejos, pero no haga nada más arduo que aplicar loción bronceadora.

Yo he hecho exactamente eso en la Luna de Leo —acostarme en la playa—. Usualmente siento como si acabara de terminar un ejercicio —caliente y en recuperación, con cosas por hacer pero prefiriendo descansar—.

No intente usar la energía de Leo para algo constructivo. Lo mejor es utilizarla para recuperarse del difícil trabajo emocional que tuvo en la última Luna y mostrar su progreso estando bien sentimentalmente. Relájese y disfrute la vida sin las presiones de la lucha interior o exterior.

Su intuición funcionará bien en la esfera de las interacciones sociales y no en las emociones. Use su encanto para conectarse con las personas, pues intuitivamente sabrá lo que necesitan. Será generoso y afectuoso siempre que tenga la atención de la gente. Inclínese hacia lo decoroso cuando busque la gloria entre los que ha cautivado.

Influencias lunares
de la Luna de Virgo
♍

Cuando la Luna pasa por Virgo provee gran estabilidad y una afinidad al análisis detallado. No estará tan letárgico como en la Luna de Tauro, pero Virgo puede poner un regulador sobre las cosas. La tendencia al análisis detallado no sólo se aplica a situaciones y personas, sino a sus propias emociones y su comportamiento sentimental. Esto puede manifestarse hasta el punto de que en todo momento se preocupe. La Luna de Virgo también estimula el lado crítico de su personalidad. Si ya es una persona crítica, los amigos y colegas deberían tener cuidado. Esta influencia lunar lo ayudará a criticar todo. Las características analíticas de la Luna de Virgo podrían causar desconfianza de los demás. También pueden guiar a que se alejen las personas.

Hago muchas preguntas en esta Luna, a veces sintiéndome como mi hijo de ocho años, que dice «por qué» en cada frase. Aunque en parte estas inquietudes son debidas a su edad, la Luna de Virgo también intensifica este rasgo en él.

No todas las influencias lunares de este signo son negativas. En realidad, pueden ocurrir cambios muy positivos durante este período. Usted puede sentir deseos de trabajar duro y terminar un proyecto que ha aplazado por algún tiempo. Esta Luna mejorará el potencial intuitivo. Gracias a su intuición clara y aguda podrá discernir la verdad de una situación sin conocer todos los hechos. La Luna le ayudará a prestar la atención que los detalles y las trivialidades de la vida puedan necesitar.

La Luna de Virgo enviará una explosión de intensidad canalizada que podrá usar para sentirse tranquilamente impasible. Hay muchas formas en que la energía de esta Luna puede ser usada para beneficiar la vida: Penetrar en el planeamiento financiero, tal como evaluar fondos mutuos; criticar el desempeño de políticos antes de una elección; o usar su elevada intuición y las ligeramente románticas energías de esta Luna para mejorar una relación amorosa. Simplemente use su intuición.

Influencias lunares de la Luna de Libra

El signo de Libra es representado por la balanza y la influencia de la Luna en él es mantener en equilibrio la balanza emocional. Este es un signo de aire, así que habrá momentos de indecisión —tal vez descritos más apropiadamente como momentos de decisión en un mar de indecisión—. Durante esta Luna podrá tener dificultad para decidir cómo se siente, aunque en cierto nivel lo sepa.

Me pongo muy indeciso y me desenfoco durante los pocos días de esta influencia. Las decisiones más fáciles se convierten en las más difíciles —comer en casa o salir, cuál película alquilar, qué CD colocar o cómo vestir—. Soy muy susceptible a las distracciones. He salido sin las llaves de mi apartamento y las del vehículo las he dejado dentro de él. He olvidado a dónde voy y cómo dirigir un sobre después de sellar la carta.

Así como siente que sus emociones deben estar en equilibrio, también deseará que los demás logren un ambiente bien balanceado. El comportamiento sin armonía alterará su sentido de justicia y lo forzará a expresar sus sentimientos (con tacto, por supuesto, pues su encanto aún está funcionando).

Sentirá una cercanía renovada con sus seres amados. La Luna de Libra exagera la necesidad de compañía tanto en el amor como en los negocios. Esto puede ocurrir hasta el punto de la inseguridad. Podría ser importante esperar unos pocos días antes de tomar decisiones que involucren una nueva sociedad o el futuro de una relación, hasta que pase la inseguridad de esta influencia. Una cosa es segura —usted esperará ser tratado de la misma forma que trata a los demás—.

En el mejor de los casos es difícil que tenga fe en sí mismo durante esta Luna. Las herramientas están a la mano para escuchar las palabras del interior, pero probablemente no estará dispuesto a practicarlas. La inseguridad emocional es un derivado de esta Luna, junto con sentimientos de insuficiencia. El alivio debe venir de adentro. Desafortunadamente, es más fácil buscarlo en una relación amorosa.

Resumiendo, esta Luna es buena para la vida sentimental. Sentirá el romance en su corazón y una apreciación de la belleza en general. Su encanto y diplomacia le harán más fácil tratar a otras personas. La incapacidad para tomar una decisión pasará. Por ahora, trate de evitar situaciones donde deba tomar decisiones.

Es posible que se vuelva tan indeciso en esta Luna, que la vida se hará divertida. Desafortunadamente, su indecisión puede exasperar a las personas que lo rodean.

Influencias lunares
de la Luna de Escorpión
♏

«Intensidad» es la mejor palabra para describir la influencia que trae esta Luna. La intensidad en todas las cosas será aumentada, pero especialmente en sus relaciones con los demás. Cuando la Luna entra a Escorpión, mejoran enormemente sus habilidades psíquicas e intuitivas. Será más fácil «saber» cómo se siénten las demás personas.

Esta es una Luna de agua, así que sus respuestas emocionales aumentarán y las necesidades sentimentales serán mayores. Sería inteligente evitar encuentros emocionales intensos, especialmente los que podrían ser negativos. Con muy poca provocación le causará rabia, pues las emociones ya están elevadas. El buen sentido emocional será reducido, y puede volverse muy desinhibido. Esta falta de inhibiciones puede hacer que prematuramente intensifique una relación.

El deseo sexual es un efecto importante de esta Luna. Su personalidad será más irresistible y se sentirá muy sensual. Saber de que tiene un mayor impulso sexual durante unos pocos días, debería ayudarlo a moderar las decisiones que toma en las relaciones.

Los procesos mentales también se intensificarán durante esta Luna, debido a los aumentados poderes intuitivos. Será más perspicaz para investigar y resolver problemas. Este no es un signo lunar analítico, a diferencia de la Luna de Virgo, pero usted «sabrá» la respuesta o, como mínimo, dónde buscarla.

La autodisciplina mental estará intensificada todo el tiempo —se sentirá invencible—. Con esta confianza podrá desarrollar y alcanzar cualquier objetivo, pero debe ser algo que desee, pues es el interés emocional lo que lo impulsa.

Ahora los secretos podrían ser un problema. Puede no estar dispuesto a divulgar información sobre usted, a menos, por supuesto, que ésta involucre sexo o algo igualmente emocionante y apasionado. Por otro lado, hará preguntas muy directas e intencionadas acerca de cualquier tema, incluyendo el sexo, especialmente a sus amigos más cercanos. Incluso hablando de sexo se refrenará. La Luna de Escorpión no puede ceder todos sus secretos.

Influencias lunares
de la Luna de Sagitario
♐

La Luna de Sagitario es una Luna de fuego. Bajo ella las intensas energías sexuales de la Luna de Escorpión se tornarán en sentimientos cálidos y románticos. Este es un gran tiempo para compañía, especialmente con alguien que tenga su interés amoroso.

Aquí será optimista y entusiasta. Toda esa energía de fuego lo ayudará a ponerse en marcha, pero el ímpetu será usado mejor en proyectos que involucren el campo espiritual, tales como actividades educacionales o estudios religiosos.

Esta Luna es controladora. Dominar la vida es difícil, sin importar la situación. Evite molestarse si el control elude sus tácticas. Aunque esta no es una influencia para luchar, será despiadado si es necesario.

Su optimismo será disminuido. Es bueno ser optimista, pero si ahora es excesivo terminará en descuido e incapacidad de ver la verdad hasta que sea demasiado tarde.

Usualmente me relajo en los días de la Luna de Sagitario. Mi actitud hacia el trabajo y los problemas de la vida normal se hacen menos importantes, mientras toman prioridad mis actividades espirituales, Muchas de mis pasiones se arraigan en esta Luna.

Pase parte de su tiempo con su organización o institución de caridad preferida, aunque no tenga deseos de participar en actividades de grupo. Cualquier cosa en que enfoque su energía para el bien de la mayoría será beneficiosa. Se volverá muy inquieto con esta influencia; trate de mantenerse concentrado en el trabajo o a través de las actividades que lo apasionen. En casa no espere que su pareja siga su ritmo; la intranquilidad y una posible falta de enfoque le podría causar problemas.

La Luna de Sagitario es un tiempo para ser idealista y trabajar por los más altos objetivos, especialmente aquellos con atractivo emocional. También es atrayente viajar, pero sea cuidadoso —esta energía de fuego extra puede conducir a una discusión acerca del límite de velocidad con un oficial de la ley—.

Influencias lunares de la Luna de Capricornio
♑

Esta es una Luna para realizar cosas; es de tierra, así que se sentirá práctico, con los pies sobre el suelo. Si está motivado por objetivos y logros personales, este es un signo que incitará su ambición. También puede desear alejarse emocionalmente.

Puede haber un cambio en su enfoque hacia la vida. Podría inclinarse por asuntos materialistas, pero su intuición estará en el trabajo, aunque emocionalmente reprimido por las cualidades prácticas de la Luna capricorniana. Llenar sus emociones profundamente en su interior es un peligro durante esta influencia. Puede sentirse segregado y los demás pueden pensar que es reservado.

Limpie un armario o el garaje. Tendrá la energía del caballo de carga para realizar cualquier trabajo y un desprendimiento libre de sentimentalismos que le permitirá desechar cosas que de otra manera decidiría guardar. Este tal vez pueda ser un buen tiempo para trabajar con presupuestos y cuentas.

Siempre parece que saco el saldo de mi chequera en una Luna de Capricornio. A menudo soy descuidado en lo que se refiere a mi chequera, pero esta influencia me da la motivación necesaria para realizar este trabajo. Esta Luna me centra de tal forma que puedo aceptar malas noticias, tales como olvidar escribir en mi chequera los retiros de dinero en efectivo.

Por otro lado, esta no es una buena época para trabajar en asuntos espirituales o del corazón. Hay una inclinación hacia la separación de sus sentimientos que hace imprudente tratar con los demás y lo que sienten. Dejará a las personas con la impresión de que es frío y cruel. La parte interesante de este escenario es que desde luego usted no es frío ni cruel, pero, en esta Luna, sus emociones están quietas y profundas. En realidad se encuentran tan profundas que no las verá.

Aproveche esta oportunidad para concentrarse en el trabajo y terminar algunas cosas que han estado molestándolo. Sepa que puede que no esté preparado para tratar asuntos emocionales, por eso lo mejor es evitarlos.

Influencias lunares
de la Luna de Acuario
♒

Durante esta Luna usted será amigo de todos. Con las energías imaginativas y extrovertidas de esta influencia estará equipado para ayudar a los demás con actividades humanitarias.

La presión lunar idealista lo influenciará, como si estuviera todavía en la última Luna; sin embargo, en lugar de alejarse, habrá una disposición para discutir sus ideas con alguien que escuchará. También puede ser muy franco y decir cosas que alarmarán a los demás. El impacto de sus afirmaciones se sentirá antes de mencionarlas —entre más impactante sea lo que piensa comunicar, mayor diversión tendrá diciéndolo—.

El carisma se intensificará durante esta Luna. Puede inspirar a los demás con entusiasmo e imaginación. Su efecto sobre otras personas es únicamente debido a su presentación física, pues sus emociones estarán aún en el lado frío.

Deseará la soledad, ya que se siente distante de los demás y no está dispuesto a incluirlos en su vida emocional. Esto contribuirá a que las personas sientan que no pueden acercársele, o que usted se está escondiendo detrás de un individuo extrovertido y excitante.

Esta es una Luna que me inquieta. Encuentro dificultad al desear simultáneamente ser carismático y reservado. Trato a los demás con intimidad y la necesidad de soledad hace de la intimidad una verdadera tarea. Tratar de lidiar con estas situaciones opuestas me confunde y escapo alejándome.

La libertad puede ser su prioridad en los siguientes días y corresponde al aislamiento emocional que está experimentando. La necesidad de libertad lo hará sentirse encadenado cuando alguien trate de acercarse a usted. Tome la iniciativa con los amigos y la familia —decida lo que quiere hacer e invite a los demás—. Su deseo de libertad será satisfecho y disfrutará socializar con otras personas.

Permanezca alejado de situaciones que requieran la dirección de otros. Porque esto le será difícil «aceptar» en esta Luna sabiendo lo que se debe hacer. Trate de trabajar en proyectos independientes. Mientras más control tenga sobre su vida, más feliz estará.

Influencias lunares de la Luna de Piscis

La última Luna en el zodiaco lo influenciará para ser sensible, compasivo y psíquico. En realidad, la Luna de Piscis aumentará sus habilidades enfáticas e intuitivas más que cualquier otra. El roce se origina de su susceptibilidad a las opiniones de los demás; puede ser guiado a desconfiar de sus ideas y sentimientos interiores.

Su lado compasivo estará en su punto máximo durante esta Luna.

Será sensible a los sentimientos de otros pero no a los suyos, y se inclinará a ayudar a quien esté necesitado. No ayude a demasiados perros y gatos extraviados. El peligro radica en que dé demasiado de sí mismo y no conserve energía emocional para la persona que más necesita apoyo —usted mismo—. Ayudar a los menos afortunados es una noble labor, pero atienda su intuición, ésta sabe cuándo es suficiente.

Mis habilidades intuitivas aumentan dramáticamente en las Lunas de agua, especialmente en la de Piscis. Trabajo como lector de tarot para grupos e individuos. Me siento mejor leyendo las cartas durante esta influencia, pues encuentro más fácil conectarme con mis clientes y con Dios.

Salí a dar una caminata un atardecer durante la Luna de Piscis. La lluvia acababa de detenerse y el aire era cálido. Estaba a dos cuadras de mi casa cuando vi a una señorita paseándose de lado a lado sobre la acera, dando cerca de seis pasos en cada dirección. Le pregunté si estaba bien. Me miró y me pareció que se «sintió» molesta. Las lágrimas rodaron por sus mejillas mientras me miraba y dijo que acababa de recibir buenas noticias. Inmediatamente respondí, sin saber lo que querían decir mis palabras. Le dije que las buenas noticias no cambiaban nada y que el tipo aún la trataba horriblemente. La joven me miró asombrada y preguntó con voz baja, «¿cómo lo supo?».

Su imaginación estará muy activa ahora. Si es artístico, es tiempo de ponerse a trabajar. De hecho, la expresión artística se enfoca mejor en la Luna de Piscis, así que conquiste los proyectos que requieran ideas creativas.

Durante esta influencia el mundo espiritual podría ser un enfoque importante. Esto no es sorprendente, ya que sus habilidades enfáticas y psíquicas están en su máximo nivel. Las actividades religiosas son aconsejables y desarrollarlas será valuable interiormente. Cualquier apoyo que obtenga lo ayudará a compensar su desgaste emocional con los demás.

En asuntos de amor sea más cuidadoso que de costumbre. Durante esta Luna mirará las cosas color de rosa. Sus sentimientos por otra persona pueden ser excepcionalmente fuertes debido a su actual estado emocional. Si lleva su corazón en la mano bajo la enfática influencia de esta Luna, podría adoptar los sentimientos de otros y confundirlos con los suyos.

Este es un tiempo maravilloso, pero tenga cuidado de no ignorar la voz interior. Confíe en su intuición, que realmente sabe qué es lo mejor para usted. Tener en cuenta su voz interior le será muy favorable.

LUNA CARENTE DE CURSO

Cuando la Luna está a punto de moverse de un signo a otro, hay un período en el cual no estará orientada más hacia otro planeta estando en dicho signo. El tiempo entre la última orientación mayor en ese signo y la Luna entrando al siguiente signo se conoce como «período carente de curso». La principal dificultad cuando la Luna está carente de curso es que puede hacer que nuestros pensamientos sean engañosos. Por consiguiente, las decisiones tomadas durante estos períodos rara vez, o tal vez nunca, producirán resultados favorables. Los planes quedarán a un lado y las compras serán defectuosas o terminarán en el garaje sin usarse. Nuestra percepción se convierte en poco realista y poco fiable.

Afortunadamente, la Luna no permanece sin curso mucho tiempo. Aunque nuestras vidas en este mundo deben avanzar, aférrese a planes ya establecidos mientras persista esta influencia. Deje las decisiones para después. Esto generalmente resulta fácil pues la Luna a menudo estará sin dirección a medianoche —no muchas decisiones necesitan ser tomadas cuando estamos durmiendo—. Es común sentirse desenfocado, como si la vida no tuviera dirección. El mejor remedio es tratar la Luna sin rumbo como lo haría con la Luna oscura: Desvíese y enfóquese mejor.

En el verano de 1996 ocurrió un raro evento astrológico —la Luna quedó sin curso durante más tiempo de lo normal, mientras la mayoría de los planetas que podían moverse en forma retrógrada (en este caso Venus, Júpiter, Urano, Neptuno y Plutón), efectivamente lo hicieron—. El movimiento retrógrado visto desde la tierra es el movimiento hacia atrás de un planeta a través del cosmos. Mercurio es el que más a menudo avanza en forma retrógrada y al hacerlo parece moverse en sentido inverso. Cuando un planeta se comporta así, afecta nuestras vidas de una manera extraña. Mercurio retrógrado degrada la comunicación, especialmente en formas escritas. Un gran porcentaje de mis amigos, siendo cautelosos de estas influencias astrológicas, decidieron tomarse este tiempo y hacer poco o no hacer nada. Yo me había comprometido previamente a caminar sobre fuego. En el atardecer de este notable evento astrológico estuve caminando sobre carbones a 1.200° F y la pasé muy bien.

INFLUENCIA DE LAS FASES DE LA LUNA

En un capítulo anterior discutimos las fases de la Luna y cómo corresponden a los ritmos naturales de la vida. Ahora necesitamos discutir cómo estas mismas fases intensifican y disminuyen las influencias lunares que recibimos del zodiaco.

Mientras la Luna se mueve a través de su ciclo, la presión que aumenta la influencia del signo lunar sobre el comportamiento varía considerablemente. La Luna nueva está en el comienzo del ciclo lunar. El efecto aumentado que tiene en el actual signo lunar sobre nosotros estará también en sus etapas iniciales. Cuando la Luna crece aumenta la presión al signo lunar y el efecto de éste sobre nosotros aumentará en forma correspondiente. La influencia de una Luna nueva en Cáncer puede ser débil, pero a medida que la Luna crece hasta ser Luna llena, la influencia será fortalecida. Igualmente, mientras la Luna mengua, se debilitará la influencia de la Luna de Cáncer o cualquier signo lunar.

Mientras la Luna crece su influencia aumenta; cada día se hace un poco más fuerte. El hecho de que la Luna no parezca tener un efecto sobre nuestras emociones al entrar a un nuevo signo zodiacal, no significa que sus efectos no se manifestarán antes que la Luna quede sin curso o abandone el signo.

La posición más fuerte de la Luna es la Luna llena. En este período es cuando los signos lunares son más influyentes. El paso de la Luna a través de los signos del zodiaco durante este tiempo será más dramático y profundo. Una Luna llena en Piscis podría incluso hacer que alguien que es frío y posee una fuerte personalidad derrame una o dos lágrimas. Una persona normalmente sentimental, con excesivas tensiones emocionales, podría ser tan influenciada por una Luna llena en Piscis o Cáncer, que la explosión emocional que producen podría conducir a un total colapso de las defensas de este tipo, dando como resultado un gran flujo de lágrimas.

Tengo mucho respeto por las Lunas llenas del elemento agua: Cáncer, Escorpión y Piscis. Me han partido en dos en más de una ocasión. Una Luna llena en Cáncer me tuvo completamente devastado, llorando durante dos días.

La Luna menguante tiene el efecto opuesto sobre la intensidad del signo lunar en la Luna creciente. Su potencia disminuirá mientras la Luna mengua hacia la Luna oscura. La influencia más fuerte de la Luna será cuando entre a un nuevo signo lunar; usted puede sentir alivio con sus efectos mientras empieza a quedar sin curso.

La Luna oscura será un tiempo de muerte simbólica y rejuvenecimiento. Sus influencias tendrán que ver con dichos factores. Hará cambiar la energía conductiva. Cuando la Luna oscura llegue, usted tendrá más que nunca la necesidad de hacer cambios en su vida. El tipo de cambio dependerá del signo lunar y la profundidad en que el cambio necesite ocurrir. La energía de las Lunas nueva y llena es la misma —difiere sólo en volumen—. La energía de la Luna oscura es completamente diferente. La oscuridad de ésta nos guía a las profundidades de nuestro ser interior. Ahí somos instruidos para examinar lo que existe dentro de nosotros y cómo hacer uso de ello en nuestra vida diaria. Cuando nuestro ser exterior no coincide con el interior, la Luna oscura aplica presión para hacer cambios, que son buenos para nosotros y nos hacen íntegros. Ponga atención a sus sentimientos durante la Luna oscura, pues hay mucho que aprender.

Los cambios de personalidad descritos anteriormente en los doce signos en muchos casos son exagerados. Cada individuo es diferente y ninguna cosa afecta a dos personas de la misma forma. Cada ser humano tiene sus propios estándares emocionales y rasgos de personalidad en diferentes grados de intensidad. Cuando la Luna pasa a través de cada uno de los doce signos en el zodiaco, influencia las características personales y emocionales básicas de cada individuo. Debido a que cada individuo empieza con una combinación diferente de rasgos básicos, las influencias lunares de éstos también serán distintas.

Los cambios descritos anteriormente también son exagerados para que podamos reconocer más fácilmente cómo la Luna afecta nuestras emociones. Si usted normalmente es un individuo sentimentalmente reservado, una Luna intensamente emocional, tal como Cáncer, Escorpión o Piscis, puede hacer que sonría todo el día o sólo parezca un poco triste, mientras que si es alguien muy sentimental, una Luna de agua podría volverlo tan alegre, que los demás se molestarían o, como yo, podría llorar dos días seguidos. La diferencia no es el signo donde está la Luna o incluso la Luna misma; la diferencia se encuentra dentro de usted y su reacción ante las influencias lunares.

Notará que el efecto que la Luna ejerce sobre su estado emocional atravesará períodos de modificación, mientras su propia intensidad y honestidad emocional varían. He experimentado las influencias de la Luna y he crecido inmensurablemente en mi autoconciencia. Me conozco a mí mismo mejor que antes y cada día me acerco más a mi álter ego. Cuando he sincronizado más mi personalidad basada en el ego, que es la personalidad que muestro a los demás, con mi verdadero ser, el disfrutar de la vida ha aumentado exponencialmente y mis amistades son más íntimas.

Es importante estar abierto a todo lo que ocurre. Es fácil que nos cerremos y rehusemos experimentar nuestra vida emocional, pero si hacemos esto, nos perderemos de una gran parte de nuestra existencia. Si empezamos a creer que no hay algo que valga la pena en todos estos cambios emocionales, estamos dejando que el ego nos robe de una muy importante y realmente maravillosa parte de nuestra vida.

Experimente la vida. La encontrará muy placentera y, con el tiempo, aprenderá algo de sí mismo, sabrá quién es usted realmente. Haciéndolo permitirá que los demás vean su verdadero ser. Esto suena espantoso, pero es la mejor forma en que inculcará la cercanía e intimidad en sus relaciones con los demás.

5 Características del signo lunar

Características del signo lunar

Al entrar en contacto con las energías lunares que influencian nuestras vidas, podemos prepararnos mejor para enfrentar el mundo que nos rodea. Los cambios físicos que ocurren dentro del cuerpo son sorprendentes y, en ocasiones, increíbles. La intensidad de estos fenómenos físicos es sólo superada por los cambios emocionales. También debemos tratar los estados emocionales de los demás y el mundo físico que también es influenciado por la Luna. La habilidad de permitir que estas influencias celestiales trabajen a favor, y no en contra, es el resultado del entendimiento de las características emocionales dadas a cada persona al nacer y del efecto que tienen las influencias lunares cíclicas sobre estos rasgos básicos.

Usted está próximo a embarcarse en un viaje. El éxito de éste o cualquier viaje requiere dos cosas básicas: un destino y un punto de partida. En este caso, el destino es la total autoconciencia y el punto de partida es la personalidad lunar básica. Debemos saber hacia dónde vamos, o de otra manera nunca llegaremos. Un mapa le será útil solamente si conoce su presente localización —la influencia de la Luna es nuestro mapa, mientras el signo lunar es su clave—.

En el apéndice se presenta una efemérides lunar, originalmente publicada en *Astrology for the Millions*, de Grant Lewi. El término «efemérides» se refiere a una publicación que lista las posiciones astrológicas de cuerpos celestes a lo largo del año. En este caso, la efemérides tiene que ver sólo con la ubicación de la Luna. Usando su fecha de nacimiento, busque su signo lunar en las tablas. Es posible que necesite saber la hora en que nació, si la Luna cambió de signo en su día de nacimiento.

Ahora que ha descubierto su signo lunar, compare sus propios rasgos con los discutidos en cada signo. Probablemente encontrará similitudes, aunque algunas pueden ser difíciles de aceptar. Recuerde que cada uno de nosotros tiene una mezcla única de rasgos de personalidad. Las etiquetas de «bueno» y «malo» son determinadas dentro de nuestra propia lista de valores y las percepciones de la sociedad. La vida puede ser menos complicada una vez que podamos aceptar honestamente quiénes somos, sin tratar de esconder una característica particular o sentirnos culpables por ello. Algunas personas pueden tratar de esconder su habilidad para fortalecer a los demás; consideran «mala» esta particular cualidad porque temen que pueda hacer que las personas parezcan débiles y vulnerables. Otros gozan con dicha capacidad, pues sienten que es «buena» para consolar a los demás.

Los signos zodiacales son discutidos separadamente en las siguientes doce secciones. Cada una trata los rasgos natales de un signo lunar y, más específicamente, el efecto que la influencia de la Luna tendrá sobre nuestros rasgos natales mientras pasa a través de los doce signos del zodiaco.

Las explicaciones de las características emocionales de un individuo, ofrecidas en este capítulo, han sido exageradas con el propósito de proporcionar un claro entendimiento. Usted puede o no reaccionar como está descrito. Hay otros nueve planetas en su carta astrológica —cada uno de ellos tiene su propia influencia sobre usted mientras avanza a través de los cielos en su viaje cíclico—. Indiscutiblemente que la Luna tiene la mayor influencia sobre su estado emocional y sus respuestas. Los otros planetas pueden afectarlo en forma distinta, cada uno puede aumentar o parcialmente contrarrestar la influencia lunar.

Si dedica tiempo a leer esta información y la compara con su propia personalidad y sus respuestas emocionales, tendrá la oportunidad de aprender mucho acerca de sí mismo. La Luna influencia su personalidad emocional (o «yo» interior). El yo interior es una parte asombrosamente poderosa del alma y entendiéndolo junto con sus respuestas emocionales a los estímulos externos, usted puede aprovechar este poder extremo para su uso y ayuda en su vida.

Su personalidad lunar tiene mucho que decir acerca de cómo vive y trata a los demás. Profundizando el entendimiento de sí mismo, también logrará la habilidad para aumentar su comprensión de las relaciones en su vida. Tratamos la vida de la misma manera que tratamos las relaciones, y tratamos a éstas como lo hacemos con nosotros mismos. Practicar el manejo de la vida y las relaciones es aprender acerca de nosotros mismos.

Todo este proceso es un viaje de auto-descubrimiento. Su verdadero yo, la parte subconsciente de usted que controla todo lo que hace, está esperando una invitación para salir y actuar. Entrando en contacto con esta parte esquiva de su mente, conocerá lo que es realmente importante en su vida y cómo acentuar lo positivo. También aprenderá a reconocer los aspectos negativos de su vida, permitiéndose disminuir el efecto de ellos sobre usted. Estimulando las influencias positivas y reduciendo las negativas, convertirá sus sueños en realidad.

Luna de Aries
Su perfil lunar
♈

Aries es el primer signo del zodiaco, es un signo de fuego y gobernado por Marte (el dios de la guerra). Este es un signo masculino con mucha energía positiva.

Usted es agresivo, enérgico, dinámico, asertivo y muy activo. Se expresa fácilmente y le gusta gozar de una buena aventura. La toma de decisiones fluye naturalmente en usted. El peligro yace en tomarlas sin la debida consideración. Su fuerte intuición es contrarrestada por su impaciencia, que lo desafía a obtener lo que quiere de la vida. Una vez en la búsqueda, seguirá sus deseos con pasión dinámica; tendrá la intención de ubicarse en el círculo del ganador ahora mismo, o más pronto.

El entusiasmo y la determinación lo hacen un buen líder. El éxito de proyectos a largo plazo depende del trabajo de otros ya que su enfoque cambia rápidamente y esto puede ser molesto, pues usted es muy independiente. Su signo solar podría tener una gran influencia sobre su necesidad de ser exitoso inmediatamente y su disposición de llevar a cabo las cosas.

Las explosiones repentinas de ira son comunes, pero rara vez duran mucho tiempo y desaparecen sin rastro. Usted es independiente y honrado, no tolera la intromisión y aunque puede dominar una relación emocional, sus sentimientos son heridos fácilmente. La auto-absorción es una caminata corta para usted, haciendo difícil que trabaje bien con los demás.

La Luna es femenina. Cuando su influencia es combinada con el regidor guerrero de Aries, usted será imparable. Su comportamiento agresivo es apoyado por un idealista profundamente humanitario y espiritual. Debajo de ese áspero exterior está un verdadero romántico que puede involucrarse en una relación rápidamente. Usted se diferencia de un signo solar de Aries porque es más fácil para los demás ver su parte romántica. Esto se debe al gobierno de la Luna por parte de Cáncer, un signo de agua. El agua apaga el fuego y disminuye la intensidad del apasionado enfoque de Aries frente a la gente, a las situaciones y a las oportunidades. Usted es encantador y entiende que la vida es para vivir. En conjunto, la felicidad es asegurada a través de una salida creativa de algún tipo.

La combinación de fuego y agua es muy positiva. El agua, fría y calmante, ayuda a mantener bajo control su lado más caliente, permitiendo que sus emociones sean tratadas honestamente. Usted es extrovertido y es el alma de la fiesta. Dependiendo de sus otros aspectos astrológicos, la combinación de los elementos fuego y agua podría ser bastante volátil y crear una vida sentimental inestable. Cuando ocurre un trastorno emocional, usted lo tratará rápidamente y le pasará.

INFLUENCIAS SOBRE LA PERSONALIDAD DE LA LUNA DE ARIES

Personalidad de la Luna de Aries en una Luna de Aries
Este es un período de intensidad para usted. La vida será muy excitante con sus energías dinámicas y emociones fluyendo a toda velocidad. Estaría bien que deliberadamente disminuyera su ritmo. Las decisiones tomadas durante estas Lunas rápidas y emocionalmente cargadas podrían estar basadas en conceptos erróneos. La personalidad de una Luna de Aries en una Luna de Aries es representada con la frase, «es mejor quemarse que desvanecerse». Esté preparado para ir más despacio cuando la Luna pase a Tauro.

Una vez recibí en veinte minutos lo que debería haber sido un masaje de una hora, por parte de una terapeuta de Luna de Aries en una

Luna de Aries. No sólo tenía las manos más rápidas del Oeste, hablaba tan velozmente que no pude participar en la conversación ni relajarme.

Personalidad de la Luna de Aries en una Luna de Tauro

Unos pocos días de impaciencia es su lucha durante esta Luna. La Luna de Tauro prefiere hacer las cosas paso a paso. Con una personalidad altamente energizada como la suya, la Luna taureana no le drenará energía, pero suministrará un efecto calmante que probablemente no será apreciado por su normalmente activo e impaciente yo. La Luna de Tauro marca un tiempo para que dirija sus energías en casa. Planee cuidar cosas que requieran un enfoque interior, más detalle que velocidad, o constancia para terminar. Será difícil comenzar un nuevo proyecto. La jardinería, la lectura, o incluso tomar una siesta, son actividades apropiadas en esta Luna. Evite las labores que requieran mucha energía —será lento y poco productivo. También evite demasiadas actividades en grupo o asuntos de relaciones, pues será intolerante con los demás y consigo mismo—. Retroceda un poco y trate de mantener su vida en una perspectiva adecuada mientras entra a la Luna de Géminis.

Personalidad de la Luna de Aries en una Luna de Géminis

Habrá una cierta dualidad del yo durante esta Luna. Usted podría tener la tendencia a hablar interminablemente y racionalizar sus sentimientos. Sentirá la necesidad de acoplar sus creencias espirituales con sus procesos mentales. Si sus creencias espirituales incitan el deseo de desarrollar un entendimiento más profundo de los misterios de la vida, este es un tiempo para aprender y darle equilibrio a su existencia. Si no enfrenta el desafío, podría empezar a cuestionar sus creencias, causando de este modo un desequilibrio. Este escenario puede ser desarrollado en diferentes aspectos de la vida. La Luna de Géminis es un tiempo de afirmación y confirmación si su vida está bien balanceada y apropiadamente estructurada para el beneficio de sus objetivos en este mundo. Este es también un período de confusión si las retribuciones de su trabajo no alimentan su alma.

Reuben, un vendedor de computadores con una Luna de Aries, es extremadamente hablador dentro y fuera de su trabajo, pero es especialmente dramático en Lunas de aire. La Luna de Géminis no sólo aumenta sus habilidades comunicativas, también le ayuda a expresar sus sentimientos. Muy a menudo él hace afirmaciones que revelan sus inseguridades emocionales. Reuben rara vez hablará del lado más feliz y amable de la vida.

Equilibrio es la palabra clave de la Luna de Géminis. Una perspectiva positiva y balanceada será útil avanzando a la Luna de Cáncer.

Personalidad de la Luna de Aries en una Luna de Cáncer

Este es un tiempo de misterio emocional. La Luna de Cáncer puede ser una montaña rusa —lo influencia para que se autoimponga la felicidad o la miseria que desee—. Mientras la Luna de Cáncer se ocupa de sus deberes regulares, tentando sus emociones para que salgan y actúen, su energía ariana intensificará todo lo que ocurra. Le parecerá que los cambios de humor que experimenta no le pertenecen a usted, y puede tener dificultad para hacerles frente. La Luna de Cáncer es un lugar misterioso para usted porque no entiende estos cambios de humor o su origen. Normalmente no trata bien estas fluctuaciones por parte de otras personas. Ya que no entiende el genio variable que está experimentando, tampoco lo sabrá manejar apropiadamente. Lo mejor es llegar a esta Luna con una perspectiva bien equilibrada de la vida. La Luna de Cáncer puede ser un período divertido si ha sido honesto con sus sentimientos. Esta Luna y la honestidad emocional van de la mano. Sin considerar cómo se siente ahora, la Luna de Leo, con familiar energía ardiente, está justo en la esquina.

Personalidad de la Luna de Aries en una Luna de Leo

La energía ardiente de Leo no se siente exactamente como en casa, pero está cerca. Las Lunas de Aries y Leo pueden entrar en conflicto, pues cada una quiere controlar el yo emocional. En esta Luna se sentirá más dominante. Estará feliz y atraído por su energía, pero sea cuidadoso de no hacer combustión instantánea con las compatibles aunque disímiles influencias ardientes que aquí actúan.

Sus rasgos lunares básicos serán acentuados; la Luna de Leo trae dominación al escenario. Esto no es necesariamente malo. Usted necesita controlar sus emociones después que las libere la Luna de Cáncer. Su lado ariano deseará poner cualquier trastorno emocional en el pasado y seguir adelante, mientras que la Luna de Leo tratará de controlar sus emociones. Esto es efectivo si tiene una situación que requiere de más valor que de compromiso emocional. Después de todo, esta Luna trae el valor y la fuerza del león. Si ha tomado una decisión que requiere acción, es aconsejable que actúe ahora, pues la Luna de Virgo traerá inseguridad.

Personalidad de la Luna de Aries en una Luna de Virgo

Las cualidades terrenales de esta Luna podrían producir un rápido movimiento a una lenta caminata. Usted es una criatura emocional, marcado por influencias externas y esta particular influencia terrenal hará que conjeture de nuevo todo lo que está considerando en el momento, y posiblemente sobreanalice la situación. Este no es un buen tiempo para tomar decisiones, a menos que la situación sea muy detallada y requiera una aguda mente analítica. El sobreanálisis produce inseguridad durante las Lunas de Virgo.

Personalidad de la Luna de Aries en la Luna de Libra

El fuego no puede existir sin oxígeno, lo cual explica su atracción por el aire. En el zodiaco, la Luna de Libra es su opuesto y los opuestos se atraen. Su encanto innato emergerá, mientras su lado apasionado, que hace que los demás retrocedan, será dominado.

Usted es un verdadero romántico y esta Luna permitirá que brille dicho aspecto. Este es un buen período para que trabaje en su vida sentimental. Ábrase a la energía de esta Luna, pues puede equilibrar su vida dentro y fuera. Observe cómo las personas actúan en forma diferente en este tiempo, en comparación de otras Lunas que menos congenian. Esta es la Luna que mejor se ajusta a su felicidad general. Mantenga esta felicidad y este equilibrio siempre que pueda.

Personalidad de la Luna de Aries en la Luna de Escorpión

Este es un tiempo muy sensual y apasionado. En realidad, la palabra «pasión» resume sus respuestas emocionales —es atraído hacia los demás, especialmente al sexo opuesto—. La luz de su llama es atraída en la oscuridad, pero no suministra suficiente claridad para que esté cómodo. La Luna de Escorpión representa atracción por lo oculto. Usted quiere lo que no puede ver y está celoso de quienes reciben algo que podría desear. Si puede controlar su envidia, éste será un tiempo muy sexual. Su energía ariana se suma a la pasión suministrada por el Escorpión, pero recuerde que éste se come a su macho. Su intensa energía emocional puede hacer que sea demasiado apasionado por sus necesidades y objetivos. Haga caso a sus corazonadas cuando sea precavido o renuente. Disfrute este fuerte sentimiento y permita que lo lleve felizmente hacia la siguiente Luna.

Personalidad de la Luna de Aries en la Luna de Sagitario

El optimismo y la alegría son características de esta Luna. La familiar energía ardiente lo hace sentirse bien. Este es un tiempo para que siga lo que lo hace feliz. No es un período para estructura o rigidez. Nunca he encontrado una personalidad de Luna de Aries que esté cómoda con alguna de estas dos situaciones.

Viva el momento y deje que la vida lo lleve a donde quiere ir. Si trata de luchar contra la corriente, encontrará una gran resistencia. No es aconsejable trabajar en la solución de problemas, temas profundamente emocionales, detalles, o cualquier tarea estructurada. Rápidamente se resentirá de las cadenas que estas situaciones colocan sobre usted. Si debe trabajar contra las energías de la Luna de Sagitario, sepa que estará tentado a desviar su atención de la tarea en cuestión.

Personalidad de la Luna de Aries en la Luna de Capricornio

Esta Luna está «muy puesta sobre la tierra». Usted será más racional de lo usual y la fuerza de esta influencia será difícil de superar. Este es un excelente tiempo para tomar decisiones. No está presente la tendencia a sobreanalizar —sólo pensamientos fríos, calmados y racionales—. Sin embargo, esto puede ser molesto, pues usted es una persona de acción. Aproveche esta Luna usándola para planear y tomar decisiones. Confíe en sus sentimientos. Desde este punto de vista la vida parecerá ser exactamente como usted la quiere: Una serie de batallas en las cuales la victoria brilla como un mensaje para todos. Planee su siguiente conquista y estará bien servido cuando esta transición termine.

Personalidad de la Luna de Aries en la Luna de Acuario

Este es el tiempo para que emerja el guerrero. No es una Luna para compromiso emocional. Su desinterés por el resultado y por los demás será un desafío para su usual yo emocional, pero es de gran beneficio cuando la victoria es esencial. Su necesidad de avanzar impetuosamente, junto con la falta de compasión, puede fácilmente exasperar a los demás. La Luna acuariana es mejor usada para trabajar en tensiones difíciles donde sus emociones bloquean su progreso. El aislamiento de sus propias emociones lo ayudará a atravesar algunas de esas barreras emocionales. Su sentido de separación bajo la influencia de esta

Luna puede ser de ayuda. Su necesidad de un desafío puede ser encontrada mientras se enfoca en la fuente de sus barreras emocionales y no en los posibles resultados.

Personalidad de la Luna de Aries en la Luna de Piscis

Su lado verdaderamente amoroso emergerá durante esta Luna sin la usual energía romántica que usted tan a menudo emana. Esta Luna de agua también mejorará sus habilidades psíquicas e intuitivas y se le hará más fácil entender los sentimientos de otras personas. El peligro está en permitir que las emociones de los demás afecten sus sentimientos. Usted es muy comprensivo y sus emociones son intensificadas durante esta Luna. Busca lo romántico de la vida. Si durante estos pocos días planea ver una película de esas que arrancan lágrimas, asegúrese de llevar una caja de pañuelos de papel. Este es un buen tiempo para gestos cordiales y conversaciones profundas. Experimente y disfrute del amor que tan hábilmente crea. La soledad o el pasar tiempo con personas cuyas emociones están en plena marcha, tendrá un gran efecto sobre su equilibrio emocional.

Luna de Tauro
Su perfil lunar

Tauro es un signo femenino y de tierra. Los nacidos bajo este signo lunar son propensos a la terquedad, gran fuerza de voluntad y materialismo. La Luna de Tauro es regida por Venus, la diosa del amor. Una influencia natal de esta Luna será mantenerlo firmemente con los pies sobre la tierra. Usted es un individuo práctico, capaz de ahorrar dinero y manejar asuntos financieros con facilidad. Es posible que tenga lo que desee en el mundo material y la mayor parte de esto serán cosas hermosas.

Usted es serio y fuerte. La fortaleza interior y la fuerza de voluntad lo ayudan a alcanzar sus objetivos, una vez emprendidos. Usted es bastante enérgico y su reserva de energía rara vez parece disminuirse. Entre su alto nivel energético y su intensa fuerza de voluntad, usted es un poder imponente. Existe el peligro de dejarse llevar por su fuerza. Con toda la fortaleza y energía que posee, necesita el empuje de otro para comenzar. Una vez en movimiento no es fácil detenerlo, pero la tarea de hacerlo iniciar puede ser difícil.

También es muy reservado emocionalmente. Los demás lo presionan sin efecto; sin embargo, una vez que alcanza su límite, su cólera se libera como una presa que se rompe. Lo mejor es estar fuera de su camino. Venus, como regente, le transmite un lado muy sensible. Todos los que están cerca de usted saben que son queridos profundamente. Junto a la persona que usted ama es propenso a introducir lo romántico en su relación. Siempre se esfuerza por estar bien presentado y ser cortés y espera que su pareja haga lo mismo. Lo que más lo atrae a otra persona es la belleza, el estatus y su finalidad. Sólo se casará si tiene un profundo vínculo y si ha descubierto su verdadera alma compañera.

La búsqueda de esta alma puede guiar a la incertidumbre. Usted puede no estar dispuesto(a) a comprometerse con alguien, a menos que esté convencido que es «el único» («la única»). Usted tiene la habilidad de sentarse y esperar, pero la mayoría de personas no la tienen. Debe tener cuidado de no ignorar los sentimientos de los demás. Usted es un alma muy humanitaria, pero su terquedad a veces eclipsa todo.

Tiene la habilidad de calmar a los individuos más molestos o enojados. La persona calmada y centrada que todos ven es uno de los mejores sedantes para trastornos emocionales. Sus amigos lo llaman cuando las cosas andan mal, pues su actitud sensible, humanitaria y tranquila los ayuda a ver los verdaderos problemas. A la inversa, cuando las cosas no le funcionan bien, o cuando está involucrado en situaciones no familiares, usted se retira.

La seguridad y la estabilidad son sus principales deseos en la vida. Con esta base puede lograr cualquier cosa. Prefiere su casa para sentirse seguro, pues es su refugio cuando los tiempos son difíciles. Un estilo de vida estable es importante para usted en este momento de constante cambio. Depende de su vida en casa como la única área de consistencia. De hecho, no enfrenta bien los cambios, es más importante para usted mantener el statu quo.

INFLUENCIAS SOBRE LA PERSONALIDAD
DE LA LUNA DE TAURO

Personalidad de la Luna de Tauro en la Luna de Aries
El fuego de esta Luna definitivamente hará funcionar su motor. La sosegada Luna de Tauro necesita ayuda para iniciarse y esta puede ser la energía que usted requiere. Comience algo nuevo durante este tiempo.

Aries es un signo muy apasionado y podría muy fácilmente incitar sentimientos lujuriosos. Aprovéchelo y diviértase. Usted no debe preocuparse, ya que su deseo de estabilidad hará que no se involucre demasiado hasta que sea el momento apropiado.

El trabajo puede ser tratado de manera similar. Ensaye un nuevo enfoque o tome un nuevo proyecto. Estos apasionados días son justo lo que necesita para iniciar bien las cosas.

Personalidad de la Luna de Tauro en la Luna de Tauro

Esta es realmente una buena Luna para usted. Es la energía natal que ha estado manejando toda su vida, así que probablemente se sentirá con energía y seguridad. La felicidad es el resultado de estar en su hogar. Puede observar que cuando esta Luna se siente buena, podría ser demasiado cómoda.

El mejor uso de esta influencia es para realizar cosas y para terminar proyectos que ya han sido iniciados. También es un buen tiempo para tratar problemas emocionales difíciles. Su sentido de la lógica brillará a través de cualquier niebla.

Joseph, una persona de Luna taureana que conozco, es muy enérgico durante esta influencia, pero sólo en lo intelectual y emocional. Él puede hablar con su esposa todo el día y la noche acerca de sus sentimientos, pero no piensa en sacar la basura.

Personalidad de la Luna de Tauro en la Luna de Géminis

Este es un buen tiempo para trabajar en actividades cognoscitivas. El agudo intelecto de la Luna de Géminis será favorable al hacer descubrimientos. Cuando una situación que no ha sido resuelta persista, use las energías de esta Luna para intentar nuevos enfoques en busca de una solución. Géminis es una Luna de aire, e irá en muchas direcciones a la vez. La estabilidad de su Luna natal, Tauro, anulará parcialmente esta aireada energía. Hay muy poca estabilidad aquí para hacer nuevos planes a largo plazo. Use su energía para encontrar nuevas direcciones a lo largo de caminos existentes. Emprender un viaje en esta

Luna de hecho anunciará la derrota, pues dicha influencia no está lo suficientemente enfocada y estable para su gusto.

Personalidad de la Luna de Tauro en la Luna de Cáncer

La estabilidad de su vida hogareña es un esencial lugar de escape en la Luna de Cáncer. Su base es su hogar y su casa debe ser un sitio seguro para que pueda estar feliz. Si su casa es un lugar seguro y feliz, entonces esta Luna será un tiempo de felicidad. Úsela para observar su ser honestamente. Esta puede ser una positiva experiencia de aprendizaje y mucho más fácil de tratar que una negativa.

La personalidad de la Luna de Tauro reacciona lentamente frente al descontento emocional. En lo que se refiere a las emociones, usted es como la tortuga: se mueve despacio y constantemente, experimentando todo lo que la vida tiene para ofrecer. Surgen dificultades porque la misma naturaleza de las emociones requiere sus expresiones inmediatas. La Luna de Cáncer ayuda a acelerar respuestas emocionales. Mi amiga Sara solía no tratar sus emociones cuando aparecía la Luna de Cáncer —ella era golpeada por el repentino ataque—.

Si su vida familiar no es tan estable como le gustaría, puede dar un paseo durante esta influencia. Una Luna de Cáncer le quitará las barreras que ha construido entre el mundo y su yo interior. Las emociones superficiales son reales y honestas, pero han sido acumuladas adentro durante demasiado tiempo y quieren que usted se entere de ello. De nuevo, esta es una gran experiencia de aprendizaje, así que mantenga abierta su mente. No sólo sabrá cómo está reaccionando a los estímulos del mundo, también aprenderá a aceptar y experimentar emociones cuando aparezcan, en lugar de tragárselas.

Personalidad de la Luna de Tauro en la Luna de Leo

Este es otro signo de fuego que puede aumentar fortaleza a la vida. La Luna de Leo tiene una energía bastante vistosa. Leo tiene la misma fuerza de voluntad de Tauro, pero no es tan testarudo. Usted puede usar la energía de esta Luna de Leo para alimentar sus propósitos. Este es un buen tiempo para tratar situaciones emocionales que requieren una cierta dosis de nobleza, o una energía tranquila pero intensa. Sara ama esta Luna, pues su cálida energía la ayuda a «secarse» después de la Luna de Cáncer. Esta es una energía que intimida.

Mírese interiormente. Este es un tiempo soleado para que trabaje en el mejoramiento de su auto-imagen. Para la práctica persona de Luna taureana, una expresión dramática de auto-amor podría parecer un poco ridícula, pero a menudo estas auto-dramatizaciones son las que nos ayudan a obtener el mensaje. Cuídese durante esta Luna haciendo algo especial. Su nobleza merece algún reconocimiento.

Personalidad de la Luna de Tauro en la Luna de Virgo

Una buena mirada en su relación consigo mismo es conveniente. En esta Luna, «trabajo» es la palabra clave. El lado analítico de Virgo afectivamente ayudará en ese respecto, dejándolo ver las cosas que hace para sabotear su habilidad de conseguir lo que realmente quiere. Ya que se encuentra en casa con esta energía terrenal, hay suficiente apoyo para enfrentar cualquier cosa que requiera trabajo, tal como su imagen y apariencia, sus objetivos personales, su propósito en la vida, o éxitos y fracasos. Examine lo que está funcionando para usted.

Esto se aplica también a sus relaciones. La manera en que trata a los demás es un indicador de cómo se trata a usted mismo. Mejorando las relaciones que lo rodean, automáticamente estará mejorando la relación con su interior.

Si decide no aprovechar la disposición analítica de esta Luna para auto-examinación, la Luna de Virgo señalará los detalles de su personalidad y las relaciones suyas que necesitan trabajo. Habrá mucha crítica, análisis y auto-juicio. Permanezca lejos de este ciclo destructivo.

Personalidad de la Luna de Tauro en la Luna de Libra

Un par de días de indecisión nunca hacen daño a nadie. La Luna de Libra es una Luna de aire y permitirá que los demás lo influencien fácilmente. Esta contradicción aparecerá en su vida como indecisión, ya que usualmente usted es muy resuelto después de la apropiada deliberación.

Joseph es muy metódico al tomar decisiones y hacer compras. Durante esta Luna, el ritmo usualmente lento de Joseph se hace aún más lento, principalmente debido a la indecisión. Él atraviesa el proceso de pesar todos los factores, a menos que estén actuando sus deseos materialistas, caso en el cual se vuelve bastante impulsivo.

Esta Luna intensificará su deseo de una relación tranquila y amorosa consigo mismo y con quienes lo rodean. Usted se alejará del conflicto en favor de las áreas armoniosas de su vida. Observe la relación que brinde la atmósfera más amorosa y ubíquese ahí unos cuantos días. Continúe trabajando en relaciones que necesiten armonía y amor. Esta tranquila Luna suministrará una gran oportunidad de traer belleza y amor a su vida y las vidas de quienes lo rodean.

Personalidad de la Luna de Tauro en la Luna de Escorpión

Las emociones que surgen durante esta Luna pueden oscilar entre la sensualidad y el deseo lujurioso. La Luna de Escorpión está opuesta a la de Tauro y, como tal, aquí hay una poderosa atracción. Las cualidades profundamente estimulantes de la Luna de Escorpión inspirarán su propio sentido del deseo carnal. Esta influencia es famosa porque aumenta los sentimientos sensuales en todos los signos del zodiaco, así que no piense que es el único afectado. Deje fluir ese lado práctico y disfrute la pasión.

Estos sentimientos lujuriosos podrían hacerlo susceptible a los celos. Recuerde que no es la única persona que está siendo afectada

—también podrían estallar los celos de otros—. Es buen consejo que detenga el coqueteo con alguien diferente a su pareja. Sigue una apasionada Luna de Sagitario y aquí los celos no resueltos podrían anunciar problemas.

Personalidad de la Luna de Tauro en la Luna de Sagitario

La energía de fuego de Sagitario puede producir un tiempo de mucha felicidad. La dificultad está en dejar que suceda. Su naturaleza práctica y bastante tranquila le impedirá disfrutar el momento si sus acciones no parecen inmediatamente beneficiosas o no producen ideas. La habilidad para dejarse ir y actuar es muy esquiva en las personas de Luna taureana, pero es muy importante y vale la pena el esfuerzo.

Esta Luna provee la oportunidad perfecta para alimentar sus creencias religiosas sin el riesgo de profundos trastornos emocionales. La Luna de Sagitario también suministra una oportunidad infantil para uniones idealistas y emocionales. El niño en usted surge de muchas formas. Si no ayuda a este niño interior a que se exprese de manera beneficiosa, escogerá su propia forma de auto-expresión.

Personalidad de la Luna de Tauro en la Luna de Capricornio

Este signo de tierra estimulará su necesidad innata de estabilidad y seguridad y lo hará unir cabos sueltos. La arena emocional estará tranquila cuando usted se aleje.

La personalidad de la Luna de Tauro puede ser perezosa, pero la Luna de Capricornio motivará y dirigirá sus esfuerzos. Su duro trabajo es mejor guiado hacia el mejoramiento de su seguridad financiera y estatus dentro de su comunidad y grupo de trabajo. Esta influencia lunar enfatiza el logro por la seguridad financiera personal. Será infructuoso que trabaje en un proyecto que sólo sea un trabajo ocupado o en el que no tenga un interés personal. Rápidamente cambiará su enfoque y seguirá con algo distinto.

Emocionalmente usted parecerá introvertido. Evite el alejamiento emocional presionándose a sí mismo para ser más extrovertido. Ahora en su mente están la seguridad y su mundo financiero. Una vez que se enfoca el testarudo Tauro el cambio es difícil.

Personalidad de la Luna de Tauro en la Luna de Acuario

Esta es otra Luna no emocional que fomenta el alejamiento sentimental. Sin embargo, en esta Luna usted será amigable con los demás, y más capaz de seguir una conversación. No estará dispuesto a dejar que otros vean su verdadero yo y en ese respecto, será aún introvertido e impersonal. Las intenciones de los demás son importantes, pero no necesariamente confía en sus motivos.

Aunque está emocionalmente fortalecido y no dejará entrar a otras personas, es compasivo con los menos afortunados. Ayudar a los demás al final le servirá para incluir otras personas en su vida. La Luna acuariana es conocida por su fuerza intuitiva, y hacer uso de esta capacidad es beneficioso. Este es aún un tiempo productivo, así que confíe en su intuición para dar el siguiente paso.

Personalidad de la Luna de Tauro en la Luna de Piscis

Su empatía aparecerá durante esta Luna. Entender los sentimientos de los demás tendrá un efecto sobre sus propias emociones. No se sorprenda si siente el impulso de derramar una o dos lágrimas.

El amor es una de las cosas que más aprecia, y esta Luna provee la oportunidad perfecta. El impulso a seguir sus deseos románticos será grande y deberá ser continuado. Trate de no introducirse en asuntos de seguridad emocional. Los intervalos románticos por naturaleza no son emocionalmente seguros. Esta falta de seguridad podría causar un innecesario aislamiento auto-impuesto. Sea cauteloso de sus verdaderas motivaciones cuando se sienta impulsado. Oblíguese a experimentar sus deseos.

Ya que está enfáticamente abierto al mundo en esta Luna y sus sentimientos de seguridad no están en su punto máximo, puede sentirse indefenso y demasiado accesible. Sus sentimientos pueden ser fácilmente heridos ahora. Su imaginación también está trabajando a su máxima velocidad ahora, por eso lo que percibe puede no ser necesariamente la verdad. Tome sus cosas con calma.

Características del signo lunar

Luna de Géminis
Su perfil lunar
♊

Su personalidad básica es la de un extrovertido inteligente e imaginativo al que le gusta bromear. Es propenso a hablar incesantemente y a cambiar de tema de forma caprichosa.

Su mente es bastante activa y llena de ideas imaginativas. Cuando toma ventaja de su ingenio inherente, rápido y activo, pocos pueden ir al paso de su agilidad mental. Los demás no consideran el enfoque y la concentración como sus puntos fuertes. Asumen que su habilidad para saltar tan rápidamente de un tema a otro es una señal de impaciencia. Estas percepciones pueden ser ciertas, pero sólo cuando usted tiene demasiadas cosas por hacer, porque las incluye todas en su horario de trabajo.

La intuición es un factor clave al tratar con los demás. Una de las razones por las que es tan perspicaz es que tiene una habilidad instintiva para disecar una situación y reaccionar. Su primera reacción usualmente es la correcta.

Usted es una persona excitante. Mercurio, el planeta de la comunicación, es el regente de Géminis. Esto le brinda muy buenas habilidades comunicativas. Es un gran conversador y un interrogante natural. Puede hacer muchas preguntas personales que hurgan en lo profundo de los asuntos privados de otra persona, no estando dispuesto a reciprocar. Cuando sus conversaciones están llenas de veloz ingenio y un enfoque rápidamente cambiante, tenga cuidado con su galanteo y carácter caprichoso; los demás pueden empezar a desconfiar de usted, especialmente si el chismorreo se vuelve un vicio.

Tiene la habilidad de observar su yo interior y diagnosticar racionalmente su situación emocional. Esta honestidad es un rasgo admirable; sin embargo, podría hacer conclusiones basadas en ilusiones o distorsiones de la verdad, dependiendo de su habilidad intuitiva y el nivel de confianza en dicha capacidad. Usted es una persona divertida y un animado conversador. Practique la comunicación cordial y la espontaneidad emocional en sus conversaciones, reduzca el énfasis en el encanto e ingenio y dirija su enfoque sobre los demás.

INFLUENCIAS SOBRE LA PERSONALIDAD DE LA LUNA DE GÉMINIS

Personalidad de la Luna de Géminis en la Luna de Aries

Ésta podría ser una combinación difícil para usted. El calor de la Luna de Aries intensificará las emociones que mantiene tan bien ocultas. Puede sentir como si fuera a explotar. Tendrá un humor más vivo que lo usual y será menos capaz de analizar la fuente del desorden emocional.

Su rápido ingenio puede ser un poco más directo y dirigido. El aspecto ardiente de la Luna ariana adicionará calor y energía a su repertorio emocional. Trate de canalizar esta energía en algún tipo de trabajo productivo que no requiera mucho análisis. Los intervalos personales pueden fracasar.

Personalidad de la Luna de Géminis en la Luna de Tauro

En esta Luna puede encontrarse excepcionalmente sosegado. Sus rápidas y vivas respuestas pueden ser lentas y la personalidad extrovertida aislada. Los demás no notarán su cambio, pero para usted esta actitud se siente como una bola con cadena.

Becca, la esposa de Sammy, es intensamente influenciada por las Lunas de tierra. De acuerdo a ella, carece de su usual motivación entusiasta en la Luna de Tauro y se siente lenta. No veo esta diferencia en Becca, pero ella sí la siente.

Emocionalmente, será más práctico en sus enfoques y más sensible frente a las necesidades y emociones de los demás. La Luna de Tauro es sensible y humanitaria y su influencia debería afectarlo de manera similar. Ya que su estado normal es ser rápido mentalmente y negligente emocionalmente, sus propias emociones pueden ser más susceptibles al daño. El riesgo de estar sometido a una herida emocional no es nuevo para usted, pero rara vez sucede. Su yo interior es mantenido profundamente y tenerlo repentinamente sujeto a un examen puede resultarle un poco atemorizante.

Personalidad de la Luna de Géminis en la Luna de Géminis

La Luna de Géminis aumentará su personalidad ya extrovertida. Se sentirá en su lugar con estas energías, aunque posiblemente frustrado por la falta de concentración. Incluso la personalidad más desenfocada puede perder aún más concentración. Usted será excepcionalmente frívolo. Trate de poner un regulador a corto plazo sobre cualquier cambio en relaciones o domicilios. Si está para realizar algún progreso durante esta Luna debe tener cuidado. Esto incluye progreso en el trabajo y las relaciones. Teniendo la habilidad de abordar a sus amigos y asociados con su rápido ingenio, ahora realmente tendrá que ser cuidadoso.

Este es un tiempo fantástico para trabajar en los aspectos creativos de la vida. La imaginación y la creatividad son dos rasgos de personalidad que estarán activos tiempo extra. Aproveche los aspectos positivos de la energía de la Luna de Géminis.

Personalidad de la Luna de Géminis en la Luna de Cáncer

Esta Luna de agua no debería ser un gran problema. Usted reconocerá los cambios emocionales traídos por esta influencia y rápidamente reaccionará para minimizar sus efectos. Aunque la Luna de Cáncer dominará sus respuestas emocionales al mundo exterior, no permanecerá enfocado tiempo suficiente para ser afectado adversamente por la honestidad emocional de esta Luna. Este podría ser un buen tiempo para seguir la introspección, siempre y cuando esté dispuesto. Existe la posibilidad de que asuntos ocultos durante mucho tiempo salgan a la superficie. En este caso, la Luna de Cáncer efectivamente lo ayudará a tratarlos. La honestidad acerca de sus sentimientos hace más fácil la tarea.

La Luna de Cáncer provee energía doméstica junto con la introspección. Este podría ser un buen período para atender esos deberes hogareños que han estado ignorando: Fregar el horno, limpiar el garaje o incluso arreglar los armarios.

Personalidad de la Luna de Géminis en la Luna de Leo

La Luna de Leo adicionará efervescencia a su personalidad ya espumosa. Usted deseará reconocimiento y tendrá una llamarada para lo dramático, pero sólo expondrá sus emociones en un proyector giratorio. Estos dramas emocionales pueden ser una tensión para la personalidad de la Luna geminiana —la persona exterior podría manejar el drama fácilmente, pero lo difícil es hacer que entre al juego el yo interior—. En cualquier caso, su mundo emocional se agitará. Quizás encontrará la intensidad del agradable reflector, pero el retroceso puede comenzar con un compromiso emocional. El comportamiento provocativo puede incitar problemas. Si la situación entre usted y otra persona se hace extrema, podría considerar retroceder. Cuando la energía de la Luna de Leo devuelve el fuego con fuego, la vida se complica muy rápidamente.

Personalidad de la Luna de Géminis en la Luna de Virgo

Dos gigantes comunicativos trabajando juntos podrían describir, con poca exageración, la influencia de esta Luna sobre usted. La habilidad de Virgo en la comunicación es natural porque la Luna de este signo es regida por Mercurio. Su intelecto será reforzado por esta Luna pero, más importante aún, su aguante aumentará; esto ocurrirá si está abierto a las influencias de la Luna. Es probable que dependa de la tenacidad de la Luna de Virgo para aceptar tareas más grandes que las que normalmente podría manejar. Si está involucrado con proyectos que requieren verdadera concentración y duro trabajo, no tendría un mejor tiempo para terminarlos. Sin embargo, podría aburrirse con un proyecto monótono después de un corto tiempo y dejarlo a un lado por algo que promete emoción. Si un trabajo no mantiene su atención, no se preocupe por él; sólo se sentirá culpable por abandonarlo. Espere el comportamiento crítico y el análisis compulsivo de detalles como señales de advertencia de que se está desencantando con su trabajo a la mano. Debe moderar la energía de Virgo para usarla —la moderación requiere control—.

Personalidad de la Luna de Géminis en la Luna de Libra

Esta es una Luna de aire que es más indecisa y posesiva que su Luna natal. La indecisión en una Luna de Libra es exagerada y se convierte en el principal rasgo de personalidad. Su indecisión probablemente no afectará resoluciones importantes, pero influenciará asuntos triviales tales como qué hacer para la cena, cuál ropa usar, qué tarea doméstica hacer inicialmente o cuál canal de televisión ver. Estas son las clases de cosas que lo enloquecen a usted y a los demás.

Las influencias de la Luna de Libra deberían ser familiares, pues son de naturaleza similar a la Luna de Géminis, pero con un mayor sentido de justicia. La vida debe estar en equilibrio. Pase tiempo con su relación sentimental. Si no ha encontrado esa persona especial, ahora es cuando deseará hacerlo.

Su encanto estará trabajando a su favor en esta Luna y este es un buen tiempo para socializar. No veo a Sammy muy a menudo, pero cuando me invita a reunirme con él y Becca, es usualmente en una Luna de aire.

Tendrá éxito al tratar asuntos concernientes a lo público, ya que sus instintos serán más agudos. Su sentido de justicia los mantiene activos. Sea más consciente de su tendencia a extender la verdad; será descubierto inmediatamente y perderá credibilidad. Esta es una Luna de justicia.

Personalidad de la Luna de Géminis en la Luna de Escorpión

«Pasión en todas las cosas» es la clave de esta Luna de agua. Su intensidad aumentará durante esta influencia. Encontrará difícil controlar las emociones bien ocultas. Sus deseos físicos y románticos estarán al máximo, mientras sus coqueteos se harán más serios. Los deseos emocionales también producirán otras emociones. Resígnese a tratar estos sentimientos y esté preparado para experimentar sus efectos. Haga la paz con ellos o lo molestarán.

Tenga cuidado de que su atractivo innato, reforzado por esta Luna, no se convierta en una picadura venenosa si tiene dificultades para alcanzar sus objetivos. Encontrará que su genio está al borde. Es apasionado con sus deseos y está dispuesto a negociar un acuerdo justo.

La Luna de Escorpión tiene una energía muy directa cuando trata a los demás y un deseo reservado tratándose de sí mismo. Es más difícil que abra su yo interior para exanimación, pero el auto-examen es esencial para un alma saludable.

Personalidad de la Luna de Géminis en la Luna de Sagitario

Se sentirá vigoroso, alegre y relajado durante esta Luna de fuego. Su valiente auto-examinación en la Luna de Escorpión ha sido valiosa emocionalmente; ahora es tiempo de ser idealista. Lo mejor es que continúe divirtiéndose con su pareja de la vida, pues aún está atraído a esta energía conectiva. Obsérvese detalladamente para ver si tiene señales de impaciencia o comportamiento insensible. Si tropieza ahora será llamado por sus acciones. Esta Luna ardiente puede provocar una respuesta caliente. Evite amistades simples y juegue en la pasión de la Luna de Sagitario. No es tan agobiante emocionalmente como la Luna de Escorpión y será más divertida.

Personalidad de la Luna de Géminis en la Luna de Capricornio

Su alocada personalidad estará acompañada por cambios de humor mientras pasa a través de esta Luna de tierra. La seguridad financiera y emocional en la vida serán una prioridad. La falta de alguna producirá depresión. Esta es energía centrada, posiblemente demasiado centrada para la Luna geminiana de rápido movimiento.

El peso de esta energía de Capricornio puede ser mucho para el productivo Géminis lunar. Cuando se sienta letárgico, descanse y recupérese. No podrá con la velocidad de la vida mientras use estos zapatos de hormigón capricornianos. La solución es que merme el ritmo y se cuide a sí mismo. Si necesita un poco de seguridad, abra una cuenta de ahorros.

Personalidad de la Luna de Géminis en la Luna de Acuario

La aireada Luna de Acuario se sentirá bien en usted y sus rasgos básicos brillarán. El más grande desafío que encarará es mantener el contacto con su yo interior. La Luna de Acuario sobresale por mantener sus emociones bajo control.

Su habilidad para razonar rara vez será desafiada en una Luna de aire, pero la inteligencia no es todo en la vida. La paz con el yo interior y la habilidad para reaccionar y mostrar sus emociones son lo que realmente importa. Para conectarse con las personas debe ser honesto con ellas y para hacerlo debe ser honesto consigo mismo.

Ya que se encuentra sobre tierra segura en esta Luna acuariana, libérese un poco del control emocional y conéctese realmente con otra persona. La experiencia será tan valiosa que deseará hacerlo de nuevo. Su rimbombancia lo ubica en la plataforma central. Dejando emerger las emociones, podrá permanecer en el escenario, especialmente con relaciones íntimas que desarrolla gracias a su disposición para compartir.

Personalidad de la Luna de Géminis en la Luna de Piscis

Piscis es la última de las Lunas de agua en el zodiaco. Probablemente será una Luna bastante apagada que no aumenta mucho en el camino de la aventura. La naturaleza serena de la Luna de Piscis puede ser alegre y relajante si la deja. Usted estará tan pocas veces en descanso, que puede tener que cambiar herramientas y disminuir al ritmo de esta Luna. Disfrute la vida; usted merece un descanso,

En este período será cálido y tierno y mostrará amor verdadero a quienes ama. Piscis es una Luna sentimental y esto se reflejará en sus emociones y acciones. Entre en calor y encienda lo romántico; usted y su pareja descubrirán un nuevo terreno común. No hay problema si las cosas se ponen un poco triviales, pues esta es una Luna quijotesca. Si lo romántico se torna demasiado perfecto, todo es aún mejor. Casualmente, Sammy y Becca se comprometieron durante una Luna de Piscis. No puedo pensar en un tiempo más ideal para que esos dos amigos hayan hecho un compromiso romántico.

Luna de Cáncer
Su perfil lunar

Cáncer es el cuarto signo del zodiaco. Es un signo de agua, femenino y regido por la Luna. Aunque no es un planeta, su influencia es tan grande como los planetas en la astrología. Si usted nació bajo una Luna de Cáncer, es muy humanitario, compasivo y edificante. A menudo pone las necesidades de otros antes de las suyas.

Puede tener un humor muy variable. Ya que es sensible a las acciones y reacciones de los demás, su genio puede cambiar tan rápidamente como el viento. Esta sensibilidad es aumentada por su extrema conciencia psíquica. La inseguridad emocional es otra razón para sus rápidos cambios de humor.

Tengo varios amigos nacidos con su Luna en Cáncer. Cada uno de ellos tiene un rasgo común con los otros —reaccionan rápida y emocionalmente a los cambios que los rodean—. La manera en que mis amigos finalmente traían los cambios emocionales, después de su reacción inicial, es única en cada uno de ellos, pero sus respuestas inmediatas son característicamente cancerianas.

Cuando las cosas le funcionan, usted es un padre edificante, un amigo de confianza y un compañero compasivo. Disfruta su hogar, que es la fuente de seguridad. Si la vida sufre un cambio negativo momentáneo, usted puede volverse demasiado sensible, lloroso, manipulador, inseguro e introvertido. Puede manipular a los demás por medio del martirio —no está usando lágrimas para hacer que otras personas se sientan culpables—.

La seguridad financiera es un asunto que le interesa, especialmente a comienzos de su carrera y cerca a su fin. En la parte media de su vida puede estar más preocupado por traer de regreso los días de juventud y satisfacer sus caprichos.

La seguridad emocional es su mayor desafío. Confiar en alguien para entregar su corazón es difícil para usted. Los demás deben probarse a sí mismos una y otra vez. Las habilidades ultrapsíquicas que posee lo ayudan a formarse una idea de la personalidad de un individuo. El roce se origina porque es demasiado sensible a las opiniones sobre usted hechas por otras personas. Los demás pueden herir sus sentimientos sin tener una intención maliciosa o un determinado propósito. La clave es aprender a diferenciar entre los mensajes psíquicos y la sensibilidad emocional.

Desarrolle sus habilidades psíquicas latentes trabajando con ellas. Con un poco de práctica y esfuerzo avanzará un largo camino. Otros signos lunares necesitan trabajar mucho más duro para desarrollar lo que usted sólo debe poner en la conciencia.

Las fases de la Luna tienen un gran efecto sobre su estabilidad emocional. La Luna gobierna a Cáncer —cuando el soberano cambia también lo hacen los súbditos—. No sería sorprendente encontrar que la intensidad de su humor sigue el ciclo lunar: Un incorregible humor de excitación alrededor de la Luna llena y un increíble humor deprimido durante la Luna nueva. La Luna oscura podría fácilmente introducirlo a una caverna para que se aleje de la vida por un tiempo, como un cangrejo en su concha.

Por supuesto, la fuerza de estas fases variará, dependiendo de los signos en que estén. Los signos de agua son los más fuertes y Cáncer los encabeza a todos. Su mejor curso de acción es buscar la cercanía con el yo interior, para que sea un aliado y no un enemigo de sus emociones. Su susceptibilidad a los demás es como una esponja psíquica —usted absorbe todo a su alrededor, tanto lo bueno como lo malo—. A través de la meditación podrá colocar compuertas en su violento río de emociones, estabilizando así su flujo.

INFLUENCIAS SOBRE LA PERSONALIDAD DE LA LUNA DE CÁNCER

Personalidad de la Luna de Cáncer en la Luna de Aries

Esta Luna de fuego podría traer pasión a su vida. Su enfoque entusiasta sin duda alegrará los días de las personas en su vida. El calor de esta Luna encenderá una ascua sexual dentro de usted.

La pareja adecuada podría producir una llama de esta ascua. Como cualquier fuego, entre más arde más rápido muere; sin embargo, en lugar de la Luna de Aries ardiendo, el acuoso Cáncer apagará las llamas y enfriará la pasión que debe haberse vuelto demasiado intensa. Aries adiciona temeridad a su personalidad. De nuevo, ésta podría ser de breve duración. El deseo de seguridad en todo en su vida prohíbe cualquier idea acerca de «vivir rápido y suelto».

Si su yo emocional fuera influenciado negativamente y tomara un giro hacia lo peor, no se castigue a sí mismo por intervalos apasionados o por vivir con rapidez. Probablemente se molestará consigo mismo y sentirá que merece un castigo auto-impuesto. Con optimismo, usted evitará la tortura auto-impuesta y aceptará quién es y cómo reacciona a las cosas. Un poco de aceptación y aprobación de sí mismo lo ayudará a avanzar en el largo camino hacia el logro de su felicidad.

Personalidad de la Luna de Cáncer en la Luna de Tauro

Tauro es la primera de las Lunas de tierra y se sentirá muy bien en usted. La bien centrada Luna taureana ayudará enormemente a allanar los puntos ásperos en sus vaivenes emocionales. Su influencia es tan grande que usted puede no ser capaz de alcanzar el más alto de los picos emocionales, pero tampoco se hundirá en las profundidades.

Otro rasgo taureano es el deseo de seguridad, que también es apropiado para usted. Esta Luna materialista quiere que la casa sea un refugio seguro —un lugar para regresar después de un día en las trincheras—. Su energía familiar y efecto tranquilizante deberían ser conducentes para mejorar la auto-imagen. Amy, una amiga con Luna de Cáncer y yo limpiamos el aire entre nosotros a través de conversaciones cordiales durante la Luna de Tauro. La seguridad no era un asunto en cuestión, pues ambos nos sentíamos seguros dentro de nosotros mismos.

La pasión es un rasgo taureano, aunque no tan ardiente como en la Luna de Aries. En Tauro, la pasión y la sensualidad arden en rescoldo juntas y lentamente se convierten en una cómoda llama. Tome esta oportunidad para hacer que suceda algo especial en su vida. No piense que esta «pasión» sólo se aplica al sexo. Haga que trabaje para usted.

Personalidad de la Luna de Cáncer en la Luna de Géminis

Si sólo aparece desde esta Luna de aire, debería al menos dar una o dos carcajadas. Las muchas caras de Géminis lo mantendrán adivinando acerca de sus compromisos, mientras su concentración estará un poco desconectada. Al menos el enfoque no estará sobre usted mismo.

La relación entre la Luna de Géminis y la personalidad de la Luna de Cáncer fueron demostradas agradablemente en mí en una clara y cálida tarde de invierno en San Francisco. Ariel y yo estábamos conversando en una cubierta que daba vista al océano. Nos tomamos una cerveza y reímos bajo pesadas cobijas de lana mientras el Sol se ocultaba sobre el horizonte del Pacífico. Luego, bajo la Luna de Géminis, caminamos para ir a cenar, sumergidos en la compañía mutua.

Podría continuar siendo intuitivo durante la Luna de Géminis, pero sólo en el ámbito intelectual. El intelecto de Géminis es muy brillante. Cuando estas fuerzas sean combinadas con su intuición, el resultado será muy productivo, asumiendo que está trabajando en un proyecto a corto plazo. La influencia airosa de esta Luna no le permitirá hacer un análisis detallado. En lugar de eso, usted será como un investigador de homicidios, quien busca pistas para resolver el caso y confía en la intuición para encontrarlas.

La oportunidad para la alegría está sobre usted, especialmente si puede reírse de sí mismo cuando su humor esté moviéndose en espiral hacia abajo. Si la risa fracasa y empieza a declinar hacia la depresión, suelte su asidero.

Personalidad de la Luna de Cáncer en la Luna de Cáncer

Esta Luna de agua marcará sus puntos más altos y más bajos. Todo lo que sienta será intensificado. Si se mira en un espejo podría verse grabado en el vidrio, «los objetos en el espejo están más cerca de lo que parecen». Tal vez no se dé cuenta qué tan sentimental se puede volver en esta Luna hasta que esté en el calor de la batalla. Usted se conoce a sí mismo muy bien, pero sea más cuidadoso alrededor de las Lunas nueva y llena.

Amy rebotaba de emoción durante conversaciones que en otro día serían de lo más comunes. Su doble influencia canceriana ayudaba a transformar un día normal en una extraordinaria experiencia.

Si se mantiene positivo respecto a la vida, podría encontrar que lo romántico está en el aire (o, debería decir, agua). Una persona que prefiere la seguridad de la casa y el hogar podría dejar una firme impresión en su corazón. El amor es algo maravilloso, pero tenga la suficiente cautela de escuchar sus instintos. Podría verse tan atrapado en la pasión del momento, que pasará por alto quién es realmente el objeto de su afecto. Confíe en su yo interior. Si su primera impresión le dice que se ponga en camino, comience a empacar. Su intuición es su primera y mejor línea de defensa. Cuando suene el timbre, vea quién es antes de abrir la puerta.

Personalidad de la Luna de Cáncer en la Luna de Leo

La Luna de Leo puede ser confiable para aumentar claridad solar a los días nublados y oscuros. Las energías de esta Luna están sobre el lado agresivo. Usted podría encontrar que se pone a cargo de situaciones de las que normalmente no se pondría o delega trabajo que usualmente aceptaría. Esta sensación de control sobre su vida es muy atractiva en usted. Muchas veces no ha sentido control sobre sus giros y reacciones emocionales, pero en la Luna de Leo encontrará la agresividad que realmente calienta el corazón. Sígala y pase un buen tiempo.

Si su humor comienza a cambiar, la energía de esta Luna girará a la derecha con usted. Aunque protegiéndolo de alcanzar el punto más bajo de la escala, el mandón Leo puede influenciar negativamente su genio. Las quejas y críticas pueden ser sus armas al tratar con los demás.

Recuerde que, por encima de todo, el orgulloso león es valiente. No tema mirar honestamente dentro de las profundidades de su alma; podría encontrar algunas de las respuestas que busca.

Personalidad de la Luna de Cáncer en la Luna de Virgo

La Luna de Virgo es conocida por su naturaleza crítica. Esta es una Luna que «le busca tres pies al gato» y que depende de la destreza mental. Sus emociones son usualmente centradas y no es fácilmente perturbable. Usted puede encontrarse preocupado por algunos detalles domésticos que hace pocos días no lo habían molestado.

Es fácil criticar a los demás, pero ¿puede aceptar lo mismo de ellos o de usted mismo? Mire hacia adentro y entienda que nadie es perfecto. Es lo suficientemente honesto consigo mismo para comprender que esto se aplica a usted. Debido a su sensibilidad a las opiniones de otras personas, las críticas que éstas le hacen pueden convertirse en un desastre emocional. Para evitar tales complicaciones, podría tratar de mostrar un ejemplo para los demás ignorando deliberadamente detalles y concentrándose en los elementos positivos de sus realizaciones. Podría motivarlos a hacer lo mejor y felicitar lo que han terminado. Para los demás es mucho más difícil criticar sus esfuerzos o su apariencia cuando usted sólo muestra orgullo y agrado con ellos.

Una serie de clases a las que asistí reforzaron la importancia de dar a los demás «regalos de confianza» —cumplidos verdaderos dados sin esperar retribución—. La idea es desarrollar la intimidad con los demás mejorándoles su autoestima y siendo al mismo tiempo vulnerable a sus reacciones. Practico esto constantemente y me siento bien cuando veo a otras personas responder a mis «regalos».

Personalidad de la Luna de Cáncer en la Luna de Libra

Esta es otra Luna de aire durante la cual la vida debería ser tranquila. Libra se conoce por su comportamiento indeciso. Sus niveles emocionales serán estables en el siguiente par de días. Con toda esta libertad emocional tal vez sienta que puede tener un intervalo romántico. Algo simple lo hará; si trata de planear un elaborado fin de semana lejos, probablemente correrá precipitadamente hacia la indecisión.

¿Qué quiero para la cena? ¿Adonde iré a pasear? ¿Qué debo hacer después? ¿Cuál debería hacer primero? ¿Cuál programa veré en la televisión? Estas son preguntas simples, pero en esta Luna puede serle difícil escoger. Esto resulta ser una molestia más que cualquier otra cosa. Si surgiera una elección realmente importante, sus instintos básicos tomarían el control y la decisión sería tomada en su manera usual. Las pequeñas cosas son las que toman demasiada energía.

Esta debería ser una buena oportunidad «R y R»: relajación y romance. Mi novia y yo pasamos un fin de semana juntos bajo la Luna de Libra que resultó ser relajante y romántica. No pudimos decidir algo específico, así que simplemente nos dejamos ir: dormimos hasta tarde, hicimos caminatas cortas para el café y más largas para las puestas del Sol, hablamos interminablemente, y disfrutamos lo que el momento nos ofrecía.

Personalidad de la Luna de Cáncer en la Luna de Escorpión

La Luna de Escorpión es una Luna extremadamente emocional. Esta intensidad emocional, junto con sus habilidades psíquicas, afectará profundamente su personalidad sentimental básica, y debería dirigirse a un intenso viaje. Prepárese para lo peor y espere lo mejor. Probablemente hará las cosas bien, a menos que se encuentre en un conflicto. Sea cuidadoso, observe cómo responde a los demás, use su intuición, aprecie lo que le están diciendo. Ellos pueden no estar tratando de herir sus sentimientos, pero usted es muy sensible. La Luna de Escorpión puede aumentar franqueza e insensibilidad cuando es provocada. El otro lado de la moneda es el alejamiento. A ambas Lunas les gusta correr y esconderse cuando sus emociones comienzan a agitarse.

La otra influencia importante de esta Luna es su gran efecto en el comportamiento lujurioso. Si puede permanecer libre de depresión, podría descubrir un impulso sexual que necesita atención.

Personalidad de la Luna de Cáncer en la Luna de Sagitario

La cálida influencia de esta Luna de fuego puede ser muy confortante. Una conexión con el romance del libro de cuentos es sólo una fase del estilo de vida idealista promovido por la Luna de Sagitario. Mantenga trabajando su intuición mientras hace sus elecciones. En ocasiones, esta Luna lo cegará de las realidades de la vida.

Charlie, un muy talentoso masajista, tiene manos intuitivas —encuentra justo el lugar correcto sin discusión—. Sus habilidades naturales intuitivas son mejoradas por su Luna de Cáncer. Una vez, mientras recibía un masaje, hablamos acerca de sus clientes durante el curso de una Luna de Sagitario. Estos habían comentado constantemente su amable jovialidad y manifestaron su satisfacción con apuntes generosos.

Usted puede sentirse más atractivo durante esta influencia. La ardiente energía de Sagitario aumenta combustible a sus emociones, pero no les fortalece su movimiento. Intensifica sus sentimientos sin presionarlo hacia nuevos extremos emocionales. También intensifica los estados pacíficos y armoniosos de la mente, lo cual guía a una mayor habilidad para rechazar opiniones negativas.

Esta Luna de Sagitario traerá un bienvenido alivio de la Luna de Escorpión. Una perspectiva positiva en la vida y un cálido corazón pueden llevarlo a un largo viaje en este mundo. Guárdese de vuelos extendidos de fantasía y esta Luna lo saludará con una sonrisa durante los siguientes dos días.

Personalidad de la Luna de Cáncer en la Luna de Capricornio

La última de las Lunas de tierra complementará sus sentimientos de casa y hogar, pero su naturaleza centrada, insensible y sin emoción podría ser extraña para usted.

En cierto modo, podría ser agradable para no ser emocional durante un corto período de tiempo. Es posible que el único efecto que hará esta Luna capricorniana será disminuir sus vaivenes emocionales y hacerlos más manejables.

Desde luego, esta podría ser una buena oportunidad para que trabaje en sus proyectos que más gravan impuestos, especialmente aquellos en los que tiene intereses creados. Tome sus decisiones financieras hoy si desea adoptar un punto de vista frío y calculador. Joe, un profesor de estudios religiosos, usa esta Luna para completar su declaración de ingresos. Esta influencia no lo convertirá en una persona cruel, sólo le dará acceso a ambiciones materiales si las necesita.

Personalidad de la Luna de Cáncer en la Luna de Acuario

En lo que se refiere a los cambios de humor, esta Luna está desde luego en su elemento. La Luna de Acuario no afectará la profundidad de emociones que usted experimenta, pero lo influenciará a cambiar su genio caprichosamente. Incluso la personalidad de la Luna de Cáncer no ha experimentado los impredecibles cambios de humor que producirá esta Luna acuariana. Las influencias enérgicas que recibirá de esta Luna de aire serán por lo menos eclécticas.

La energía de la Luna de Acuario es idealista, pero lo inducirá a esconder las emociones que llegan a la superficie. Su muy variable estado emocional está propenso a pasar de la exaltación a la depresión. Cuando una Luna acuariana da un salto emocional, sucede muy rápidamente. El proceso de enfriamiento puede tomar sólo un par de minutos.

Usted será atraído por la energía de esta Luna. Si todo fluye bien, podría ser una muy buena experiencia. Trate de estar lejos de personas y circunstancias negativas, pues son las más grandes influencias para sus cambios de humor.

Personalidad de la Luna de Cáncer en la Luna de Piscis

Aunque el tránsito de una Luna de agua siempre es un tiempo impredecible, éste tiene potencial para paz, placer y amor. Las energías que recibirá de esta Luna son muy similares a las energías natales de su Luna de Cáncer. También difieren lo suficiente para que las dos energías se acoplen bien.

El optimismo y la actitud positiva ofrecen beneficios sustanciales. El único peligro radica en las opiniones abiertas o implícitas de los demás. De otra manera, debería tener un gran par de días.

El amor estará en su punto máximo. Esta Luna es muy romántica y el romance tampoco es extraño para usted. Haga planes; vaya a algún lugar con su compañía preferida. Aproveche estas influencias como lo haría con un buen clima. Salga y juegue un poco bajo el Sol. No muy a menudo tendrá tal oportunidad para divertirse. Después de una intensa semana de trabajo interior y estimulación emocional en un seminario de renacimiento, Ariel se premió esquiando bajo la Luna de Piscis.

Luna de Leo
Su perfil lunar
♌

«Creativo», «dramático» y «orgulloso» son sólo unas pocas palabras usadas para describir sus características natales. Leo es un signo masculino y de fuego y transmite afecto, generosidad y una necesidad de control.

El orgullo es de importancia para la personalidad de esta Luna. Como un león, usted está orgulloso de sus logros y justificablemente ruge por sus hazañas. Le gusta ser admirado, pero rara vez se digna a pedir atención. La jactancia perfecta es más su estilo. Usted es extravagante y le gusta el escenario central. La adulación es un camino hacia su corazón, pero si expresa su necesidad de ésta, puede aparecer como egocéntrico y egotista. Es extrovertido y dinámico con una aptitud especial para lo dramático.

Estas son cualidades que los demás le admiran y estos rasgos manifiestan el resto de sus actitudes y atributos de forma muy positiva. Tiene la energía para realizar las cosas, especialmente cuando es motivado por su orgullo o necesidad de reconocimiento o atractivo.

Es maravillosamente romántico cuando su corazón está cómodamente conectado con otra persona. Estar enamorado es muy importante. Su integridad emocional se manifiesta en generosidad afectuosa.

La ardiente energía de Leo mezclada con la de la Luna crea pasión emocionalmente caliente. Su estrellato brilla en todo lo que hace; está satisfecho con sus emociones fluyendo libres. En realidad, no le es fácil reprimir sus emociones y si sucede no es por mucho tiempo.

Sus dramatizaciones son divertidas, aunque nunca fuera de su control. Su necesidad de ser admirado y reconocido lo guiará a describir sus humores en extremos tales como «brillante como una supernova» o «apocalíptico». Si es influenciado negativamente, podría exagerar tan excesivamente, que las circunstancias reales serían irreconocibles. En lugar de cuidar un resfriado en cama durante dos días, puede relatar su experiencia cercana a la muerte.

Jackie, la hija mayor de mi amiga, tiene una Luna de Leo y es propensa a extremos. Ella describe su vida en diez y uno; nunca está simplemente «bien». Jackie es una optimista que emana felicidad y control. Cuando se le pregunta acerca de su vida, dirá que es «maravillosa» o «infernal».

Cuando los aspectos positivos de su personalidad no están actuando para usted, la gratificación personal vendrá al ser agresivo y controlador. La ambición y la competitividad son otras formas negativas de satisfacer sus necesidades. La naturaleza caliente de la Luna de Leo lo hará atravesar por un estado de depresión rápidamente. Libere sus emociones con intensidad dramática y regresará a la pista en un abrir y cerrar de ojos.

Su estilo es vivir rápido y relajado; es esencial el equilibrio entre su yo interior y su persona exterior. Puede estar muy consciente de sus sentimientos y sensible a lo que sienten los demás. Desarrollando un mejor entendimiento de su yo interior, estará menos inclinado a depender del apoyo emocional de otras personas, y mucho más capaz de auto-apoyarse sentimentalmente. También puede encontrar que al dejar que los demás vean su verdadera esencia emocional, ellos responderán en especie. Usted es muy cálido y humanitario. Una total participación en la vida lo ubica en el carril rápido, y le ofrece todas las recompensas que busca.

INFLUENCIAS SOBRE LA PERSONALIDAD
DE LA LUNA DE LEO

Personalidad de la Luna de Leo en la Luna de Aries

Las ardientes influencias en esta Luna afectarán características similares en su Luna natal. El orgullo puede ser un problema si es llevado demasiado lejos. Una cosa es el orgullo en sus logros, otra es exigir que los demás reconozcan sus hazañas. Su determinación también será manifestada.

Junto con esta determinación vendrá la impaciencia y la dominación. Deseará las cosas hechas a su manera. Trate de disminuir la intensidad de estos sentimientos y tendrá éxito al congeniar con los demás.

El atractivo es un beneficio de esa Luna. Cuando esté feliz, otros compartirán su felicidad. Unas cuantas palabras amables y una sonrisa instantánea mejorarán la mayoría de las situaciones. La intensidad de esta Luna de fuego podría adicionar una gran dosis de coqueteo a su encantadora personalidad. Sólo recuerde que un poco de coqueteo llega muy lejos, pero si es excesivo causará problemas.

Después de unos pocos tragos Naomi, una personalidad de Luna de Leo, liberó sus inhibiciones y empezó un intenso coqueteo con dos hombres en un cabaret. Cuando el primero no respondió inmediatamente a sus flirteos, Naomi pensó que no estaba interesado y se dirigió al segundo. Tan pronto como lo hizo, el primero le pidió un trago, Naomi decidió irse sola a casa después que su coqueteo con los dos hombres finalizó en una lucha entre ellos.

Personalidad de la Luna de Leo en la Luna de Tauro

Esta bien centrada Luna tendrá un efecto dominante sobre su vida en general. El signo de Tauro hará que el ritmo disminuya y se relaje.

También ha demostrado que puede servir en su vida cuando se requiera un grado de constancia. La terquedad es otro derivado de esta Luna. Típicamente, usted puede esperar ser letárgico en una Luna taureana. Tanto el toro como el león son perezosos por naturaleza, y cuando estas energías naturales se combinan, el resultado es la necesidad de una siesta. Puede sentir que algunas cosas requieren demasiado esfuerzo o no son la prioridad que solían ser. A menos que este sea un gran problema, relájese. Estos sentimientos pasarán lo suficientemente rápido. Además, usted probablemente podría tener un descanso.

El toro y el león son también algo tercos y, cuando es necesario, se empecinan. Usted podrá superar los efectos de esta Luna si la cree lo suficientemente importante. Reciba el poder de Leo —un poco de fuego lo liberará—.

Personalidad de la Luna de Leo en la Luna de Géminis

Usted puede necesitar manejar una serie de situaciones simultáneamente bajo esta Luna de aire de dos caras. Simbolizada por los gemelos, la Luna de Géminis representa una división dentro de su personalidad. Su habilidad con la gente le funcionará bien, pero estará desconcentrado y menos atento que lo usual.

Su mente se acelerará pero sus pensamientos pueden ser inconexos. La Luna geminiana exhibe gran inteligencia, pero la mente cambia de un tema a otro tan rápidamente que no puede hacerse un trabajo serio.

Su curiosidad acerca de la vida de los demás lo incitará a hacer preguntas para hurgar en sus más profundos pensamientos y deseos. La reciprocidad es difícil para usted. Es fácil mostrar su personalidad exterior basada en el ego. En esta Luna le hablará a todos; sin embargo, manifestar su yo interior a los demás, incluso a sí mismo, es una empresa importante. Debería decidir abrirse y estar totalmente enfocado en dejar que su verdadero yo vea la luz del día; de otra manera no sucederá.

En la Luna de Géminis tendrá madera de anfitrión. Quizás es tiempo de recibir algunos amigos para tomar unas copas y cenar. Entreténgalos con su habilidad en cualquier juego que requiera agilidad mental, y ellos lo admirarán.

Personalidad de la Luna de Leo en la Luna de Cáncer

Las influencias acuosas de esta Luna extinguirán sus rasgos ardientes de vigor y extravagancia. De otra forma, fuego y agua se mezclarán, produciendo un calor vaporoso y apasionado. La sensibilidad y la pasión se intensificarán en sus relaciones.

Jaime se volvió excepcionalmente atento con las necesidades de su esposa durante esta Luna —tanto que Karen bromeaba diciendo que trataba de compensar un mes de egocentrismo en unos pocos días—. Por supuesto, la situación real no es tan extrema, pero la personalidad de la Luna de Leo se manifiesta principalmente en los extremos del espectro.

El aumento de sensibilidad con los demás también será reflejado en su relación consigo mismo. Es tiempo que se mire interiormente y se conozca mejor. Sea consciente de sus necesidades y satisfágalas. Préndese por un trabajo bien hecho.

Personalidad de la Luna de Leo en la Luna de Leo

Se siente confortable en este momento. La Luna de Leo intensificará los componentes negativos y positivos de su estructura básica emocional.

Será más orgulloso, y tendrá muchas ganas de hablar acerca de sus hazañas y sueños. La jactancia puede convertirse en una forma de arte en esta Luna. La dramatización y el embellecimiento deberán ser moderados. La gente dejará de escucharlo y de confiar en usted. La verdad sólo puede ser extendida hasta cierto punto para luego convertirse en una mentira.

Usted es un individuo muy amoroso, especialmente bajo la influencia de la Luna de Leo. A pesar de su generosidad, espera ser muy apreciado. Si esto no sucede, tenga cuidado de que su decepción no se torne en ira o terquedad. Dé el «regalo de confianza» a un amigo admirando sus cualidades especiales.

Su ser cálido y amoroso brillará en esta Luna. Muestre ese yo interior a los demás sin expectativas. Será fácil dar, pero más difícil no exigir reciprocidad.

Personalidad de la Luna de Leo en la Luna de Virgo

Esta Luna de tierra es famosa por su enfoque analítico de la vida —es lógica y no emocional—. Esta estrategia para entender a los demás no funciona bien con usted. Sus emociones juegan un gran papel en sus percepciones y usted no aprecia a quienes lo categorizan.

Esta Luna aumentará confusión y frustración en sus procesos mentales. Sentirá la necesidad de mirar más de cerca las cosas antes de tomar decisiones. Está acostumbrado a tomarlas basado en criterios emocionales. El análisis no es importante porque usted sabe lo que quiere. La necesidad de analizar lo vuelve loco.

Virgo también es una Luna de tierra. Esto podría apagar su extravagancia y hacerlo parecer un poco aislado. Su normal nivel de energía ardiente también podrá ser reducido. Esto lo ayudará a enfocarse en sí mismo.

Personalidad de la Luna de Leo en la Luna de Libra

El siguiente par de días podría traer paz y armonía si puede permanecer disponible emocionalmente y dispuesto a aceptar sus faltas. Esto será difícil porque puede ser una ofensa para su orgullo, pero puede guiarlo al camino de la felicidad.

El amor está en el aire rodeando esta Luna. Cuando esté abierto a sus propias emociones, también permitirá que otros vean a la persona buena, humanitaria y amorosa que usted realmente es, oculta bajo todo ese destello y dinamismo. La honestidad con los demás podría convertirse rápidamente en amor. La honradez es el camino a la liberación y el resultado es la intimidad.

Su atracción hacia las cosas más lujosas de la vida es aumentada durante esta Luna. Puede encontrarse satisfaciendo más comodidades de las que generalmente se permitiría.

Diviértase durante esta cómoda Luna. Tendrá problemas al hacer elecciones, pero eso no interferirá con el placer de los siguientes días.

Personalidad de la Luna de Leo en la Luna de Escorpión

«Intensa» es la mejor palabra para describir la Luna de Escorpión. Ha llegado el tiempo para que sus emociones aumenten la velocidad enormemente. Esta influencia adicionará algún secreto a su estilo de vida, pero también producirá el deseo para que los demás compartan todo. La envidia surgirá cuando esta dicotomía no funcione como usted desea.

La Luna de Escorpión facilita la intuición. Usted puede recibir mucha información a través de su intuición siempre que permanezca abierto a ella. Esto requerirá de honestidad consigo mismo y la buena voluntad de compartir sus respuestas emocionales con los demás. Ya que esta influencia lo ayudará a ser más reservado, tal vez no esté dispuesto a abrirse, dejando la oportunidad de malinterpretar sus «sentimientos». Su intuición recibirá mensajes, pero la mente consciente podría no entenderlos. La envidia puede surgir con base a las percepciones de cosas que no entiende.

Por el lado positivo, la apasionada intensidad de esta Luna puede desde luego aumentar el deseo sexual de una persona. La máquina contestadora en la casa de mis amigos tenía el siguiente mensaje, «hola, es Karen y Jaime (en sus voces separadas). Es Luna de Escorpión y estamos ocupados. Deje un mensaje».

Personalidad de la Luna de Leo en la Luna de Sagitario

Ríase de sí mismo y los demás reirán con usted. La ardiente naturaleza de Sagitario se mezclará bien con su propia energía para crear la oportunidad de un muy buen tiempo.

La Luna de Sagitario trata el yo interior. Este es un período bueno para que examine sus respuestas emocionales a recientes y pasados apuros, y para entender lo que hizo y cómo se sintió respecto a ello. Comparta los resultados de su introspección. La risa puede continuar si se mira a sí mismo humorísticamente —los demás pueden armonizar con sus propias historias—. Su necesidad de estar en el escenario central será satisfecha y su extravagancia se sumará a la diversión.

Durante esta Luna brillarán los aspectos positivos de la vida. Los negativos están siempre presentes, pero será más difícil encontrarlos. Manténgase sonriendo. La energía positiva que está sintiendo penetrará en todo lo que haga. Su atracción sexual hacia otra persona será más intensamente divertida si está con la persona adecuada.

Personalidad de la Luna de Leo en la Luna de Capricornio

Esta Luna exigirá que ponga atención al mundo material a la mano. Espíritu práctico y realismo terrenal son los medios por los cuales esta Luna conduce sus operaciones. Aquí no tiene lugar la extravagancia. Es tiempo de iniciar un trabajo orientado a los detalles. Esta podría ser una gran oportunidad para que se ocupe de sus impuestos o trabaje en el saldo de su chequera.

Esta Luna no será conductiva para planear, soñar o trabajar en sus objetivos a largo plazo. Todo eso parecerá fantasía y no tendrá el humor de tratar fantasías. Esta Luna le colocará los pies sobre la tierra.

Puede volverse flemático si no está interesado en el materialismo productivo o en trabajos detallados. Los niveles de energía serán bajos y el deseo de responder será aún más bajo. Los objetivos en los cuales tiene una apuesta personal son los mejores motivadores en esta Luna.

Concéntrese en objetivos tangibles y no se olvide de mantenerlos prácticos y alcanzables con duro trabajo.

Una buena amiga, Naomi, mencionó que se sentía cansada y carecía de la energía para hacer llamadas de ventas y que estas sensaciones se volvieron cíclicas. Sugerí que la Luna de Capricornio estaba en juego y que ella podría considerar pasar el día en la oficina durante este período, en lugar de comprometerse todo un día con clientes. Esto la ayudó en sus ventas mensuales y comisiones.

Personalidad de la Luna de Leo en la Luna de Acuario

Esta Luna es la opuesta de su Luna natal, así que en cierta forma puede sentirse atraído por influencias acuarianas. Será fácilmente influenciado a depender de su ostentosa personalidad en lugar de tratar sus emociones. Sería mejor que usted pasara el tiempo experimentando los profundos sentimientos de esta Luna. Un esfuerzo honesto aquí podría originar retribuciones significativas.

Esta Luna de aire es conocida por su habilidad para ignorar las respuestas emocionales que surgen en la vida. En lugar de tratarlas y aprender de ellas, la persona de Luna acuariana almacenará las emociones en un depósito interno y esperará que éste nunca se rompa.

La respuesta que recibe de otras personas será de respeto y admiración. Para ellos usted es un individuo justificablemente orgulloso, que logra el éxito en la vida y realiza objetivos. Hace las cosas a su modo; escucha el consejo de los demás pero casi nunca lo acepta. La integridad emocional también promoverá la auto-admiración.

Personalidad de la Luna de Leo en la Luna de Piscis

Será maravillosa la sensación de alejarse de todo unos cuantos días, especialmente si ha sido un mes duro y el león que conserva energía necesita un descanso. Puede aprender mucho sobre las emociones en la Luna de Piscis o puede simplemente relajarse y ser usted mismo.

No tendrá problemas para conseguir exactamente lo que quiere durante esta influencia, por lo menos en la arena emocional. La energía de la Luna de Piscis no tiene la fuerza para hacer frente a la ardiente intensidad de la Luna de Leo. Abundan las influencias románticas. Su personalidad de Leo eclipsa la Luna de Piscis de muchas maneras, pero esta Luna romántica será aún sentida. A diferencia de algunos signos lunares que sacuden su mundo, la Luna de Piscis será cálida y amable.

Esta influencia puede ser muy beneficiosa. Usted puede aceptar selectivamente la entrada emocional que ofrece su yo interior. Aproveche esta oportunidad para escoger algunos de sus asuntos pasados y permitirles ser escudriñados de una manera segura.

Luna de Virgo
Su perfil lunar
♍

Virgo es el sexto signo del zodiaco. Es regido por el planeta Mercurio, que en la mitología romana es el mensajero alado de los dioses. Virgo es un signo femenino y de tierra. Con su Luna en él será práctico y laborioso, pero no se dedicará a la idea de trabajar duro por su propio bien. Fácilmente se motivará a trabajar fuertemente por un fin u objetivo particular. Puede ser exigente y detallado, las actividades intelectuales son una pasión, y su recurso es un buen sentido de la lógica. Esta combinación de precisión e intelecto es adecuada para análisis y resolución de problemas. No es usual que analice todo lo que lee. La personalidad de la Luna de Virgo es crítica; a usted le gusta analizar y expresar sus opiniones.

Las personas con esta influencia a menudo estarán involucradas en política y en sus comunidades a nivel local y nacional. Esto se debe en parte a la naturaleza crítica que poseen y también porque son muy humanitarios. Usted se dedicará a una organización orientada al servicio, y a las personas que más le importan.

Es vital que aprenda a escuchar a su yo interior. Este es un campo en el cual podría estar renuente a trabajar, pero cuando es desarrollado podría ofrecer grandes resultados. Usted tiene la habilidad innata de ver a través de las ilusiones. Para esto, debe confiar en su voz interior, aunque pueda resultarle difícil. Instintivamente escucha esta voz, pero a menudo prefiere ignorarla. Sus latentes habilidades psíquicas emergerán si se escucha y confía en sí mismo. Con estas herramientas a su disposición, será muy perceptivo y sensible a las personas y situaciones que lo rodean. La confianza en sí mismo será su atributo y no una deficiencia.

Su tendencia es buscar estabilidad y sacrificarse a sí mismo en las relaciones. Los intervalos románticos excitantes y espontáneos no son su especialidad, pero ocurren cuando entiende y escucha su corazón. Busca seguridad cuando trata con los demás, especialmente en su vida sentimental, pues en la esfera emocional es muy práctico y tiene los pies bien puestos sobre la tierra. Esto no significa que no tenga pasión —es una persona apasionada cuando confía en sus instintos—.

La desventaja en la Luna de Virgo es que usted puede volverse obsesivo y analítico. Virgo es conocido por el perfeccionismo. Esto lo conducirá a la duda porque su trabajo nunca será lo suficientemente bueno y, por consiguiente, nunca estará completo. También tendrá la tendencia a preocuparse incesantemente. Cuando no está en contacto con sus sentimientos más profundos, se introduce en ilusiones auto-creadas. Su salvación proviene de sus inherentes poderes de discriminación, razón por la cual debe confiar en sus instintos y disfrutar la vida.

Puede volverse obsesivo respecto a la salud y al ejercicio, y puede analizar excesivamente su programa de ejercicios y la dieta. Le gusta verse bien, y piensa que sólo lo logra cuando se siente bien. Por consiguiente, el mejor equilibrio para usted es comer bien y ejercitarse moderadamente. Su imagen es la de una persona saludable y en forma. Puede usar esta apariencia para ser positivo y productivo.

INFLUENCIAS SOBRE LA PERSONALIDAD DE LA LUNA DE VIRGO

Personalidad de la Luna de Virgo en la Luna de Aries

La Luna de Aries le dará energía muy intensa. Puede encontrar esta energía desagradable cuando disminuye su nivel de paciencia. Además de su naturaleza exigente, tendrá la tendencia a volverse asertivo y parecer insensible frente a quienes lo rodean.

El «fuego en su barriga» le será de beneficio con adecuada preparación. Este es un buen tiempo para realizar cosas. Cuando los detalles sólo lo retrasan, la actitud de «afanarse y hacerlo» de esta Luna lo estimulará hacia la terminación. Cualquier proyecto que requiera atención a los detalles durante esta Luna, necesitará una medida de paciencia adicional, pues será difícil contener la variable energía ariana. Una anterior colaboradora, Michelle, es asombrosamente productiva en la Luna de Aries. Ella elige terminar proyectos que requieren acción en lugar de análisis.

Personalidad de la Luna de Virgo en una Luna de Tauro

Este debería ser un signo cómodo para usted. Tauro es un sólido signo de tierra que complementará la bien centrada Luna de Virgo. Usted será más práctico que lo normal y se enfocará en lo básico. Su nivel de energía será alto y su humor bueno. Será difícil para los demás aumentar su presión sanguínea durante esta influencia; sin embargo, un lujurioso e incluso carnal lado de su ser podría surgir inesperadamente. La Luna de Tauro es seductiva. Podrá sorprenderse al ser tan directo en las conversaciones. Esta Luna será conducente para casi cualquier tarea puesta frente a usted, incluyendo relaciones físicas.

Personalidad de la Luna de Virgo en la Luna de Géminis

La Luna de Géminis proveerá el nivel de energía apropiado para conquistar actividades intelectuales. Su intelecto orientado a los detalles será estimulado en esta Luna. Las influencias veleidosas de esta Luna de aire expandirán sus fronteras intelectuales. Dé una mirada innovadora a su vida y a las cosas que lo perturban. Ensaye un nuevo enfoque al tratar un antiguo problema. Es más fácil cruzar límites auto-impuestos. No sea razonable en su enfoque a posibles soluciones. En otras palabras, considere soluciones o ideas que no parezcan ser lógicas. A menudo, una solución aparentemente irrazonable posee la promesa más creativa.

La desventaja de esta Luna es la posibilidad de que se vuelva excesivamente creativo, hasta el punto de perder su enfoque u olvidar su propósito original. Esto es ejemplificado por conversaciones en las cuales se usan ejemplos o metáforas para establecer un punto, pero usted se introduce tanto en ellos que olvida el punto que iba a resolver. Joyce, la maestra de mi hijo en el jardín infantil, usó una señal de tránsito como metáfora para enfatizar más su punto en una de nuestras conversaciones. En su siguiente frase usó otra analogía con señal de tránsito, y luego siguió haciendo lo mismo. Joyce rápidamente listó una señal tras señal cuando su punto deseado quedó en una letanía metafórica, «resbaladizo cuando está mojado, curvas peligrosas, reduzca la velocidad, no parar...»

Personalidad de la Luna de Virgo en una Luna de Cáncer

La Luna de Cáncer estirará las fibras de su corazón y recalcará una necesidad de seguridad. Su humor podría cambiar rápidamente y sin mucha provocación. Puede empezar a sentir que los detalles en su vida son abrumadores, y puede no ver la luz al final del túnel.

Troy, quien tiene una Luna de Virgo natal, quería hablar después de una noche intensa. Su cara y sus ojos hinchados, decían más que las palabras. Él se dio cuenta que había estado mintiéndose a sí mismo acerca de asuntos de integridad. Sus temores recorrieron su vida, y fue muy difícil para Troy asimilar esto. Mi único consejo para él fue que asegurara el cinturón de su asiento y permaneciera abierto a todas las verdades. La frialdad que absorbía su corazón se disiparía cuando aceptara la verdad —no era menos humano al reconocer sus miedos y estas confesiones reforzarían su integridad—.

Las Lunas de Cáncer tienen la habilidad de quitar las defensas que usa el ego para mantener imágenes externas. Esté preparado para tratarse a sí mismo honestamente. Si intenta engañarse, terminará riñendo consigo mismo; su yo interior perturbará su usual conducta centrada con un estallido emocional. Examine lo que es realmente importante para usted. La introspección se logra más fácilmente durante esta Luna.

Sus defensas serán bajas y los demás pueden fácilmente herir sus sentimientos, pues será más susceptible a las críticas.

Personalidad de la Luna de Virgo en la Luna de Leo

La energía de fuego traerá ayuda bienvenida de la Luna de Cáncer. La Luna de Leo provee energía juguetona —sea travieso y tome la vida con entusiasmo—.

Puede sentir como si estuviera por encima del resto y mereciera reconocimiento. En este caso, préndese con una actividad tal como cenar en un restaurante o ir al cine. Lo mejor es no depender de los demás para cumplir sus necesidades. Será el menos hiperactivo y la falta de reconocimiento podría disminuir el que usted disfrute de la situación.

Si debe trabajar durante esta Luna, trate de tomar un proyecto que le dé gratificación y satisfacción. Troy volvió días después del tránsito de su Luna de Cáncer, y dijo que su mundo emocional se había calmado y estaba transformado. Se volvió extremadamente productivo, ató un número de cabos sueltos y orgullosamente anunció sus numerosos logros.

Personalidad de la Luna de Virgo en una Luna de Virgo

Se sentirá como llegar a casa. Sus rasgos básicos son alimentados durante esta influencia. La naturaleza centrada de esta Luna casi siempre lo hará sentir mejor respecto a sus circunstancias. Sin embargo, como en su naturaleza está ser discriminante, podría encontrarse en profundos análisis, midiendo los atributos negativos y positivos de una situación. En principio un extremo comportamiento analítico podría parecer perjudicial, pero podría tener buen uso para resolver ese problema multifacético del cual había retrocedido incluso su detallada mente. Sus rasgos lunares básicos serán intensificados por la Luna de Virgo. Esta intensidad puede volverlo argumentador o tomar cualquier lado de un argumento, el cual, con su intelecto, es desde luego capaz de hacer. Este es un tiempo para que goce de quien realmente es y reconozca los rasgos que verdaderamente le gustan más de sí mismo.

He aprendido a evitar juegos de estrategia con uno de mis amigos, quien tiene una Luna de Virgo y un Sol de Virgo. Cuando él se siente particularmente analítico, yo soy rutinariamente vencido por su detallado intelecto.

Personalidad de la Luna de Virgo en una Luna de Libra

La indecisión será la norma durante esta influencia. La Luna de Libra es conocida por la determinación; sin embargo, es muy capaz de revelar elecciones ocultas de la vista. Es común enfrentarse con la incapacidad de tomar las más simples decisiones. Cuando le pregunté en un saludo cortés cómo se estaba sintiendo durante una Luna de Libra, un amigo respondió, «no puedo decidir». Lo mejor es planear el trabajo en tareas repetitivas que usted no ha hecho antes y no requieren decisiones para terminarlas durante esta Luna. Si tiene inclinación a ser más atrevido e incluso espléndido, no se detenga.

La airosa Luna de Libra hará surgir su necesidad de compañía. Puede desear pasar tiempo con amigos. Esta es una buena Luna para una fiesta. Usted es muy sociable y especialmente anhela la compañía del sexo opuesto.

Personalidad de la Luna de Leo en la Luna de Escorpión

Su mecha podría ser corta si los demás se entrometen en sus asuntos. La Luna de Escorpión traerá secreto a su vida. Si necesita resolver asuntos privados, este es un tiempo maravilloso para hacerlo. Esta Luna de agua aumentará la intensidad de sus emociones. En una Luna de Escorpión esta mayor intensidad ocurrirá principalmente con la percepción de otros respecto a usted. El nivel de confianza que implanta en los demás será cuestionado durante los siguientes días. En esta Luna, deseará ser admirado más que lo usual, pero mantendrá sus planes reservados.

Una conocida mía con Luna de Virgo hablaba incesantemente acerca de sexo y ofrecía detalles gráficos en la Luna de Escorpión; sin embargo, cuando se le hacían preguntas acerca de lo que afirmaba, decía que eran inapropiadas y se negaba a responderlas. El límite entre la conversación y la interrogación no estaba claramente definido —la intimidad no era un problema cuando ella iniciaba el diálogo, pero tenía dificultad para aceptarla cuando venía de otras personas—.

Su necesidad de intensidad emocional y admiración puede ser expresada a través del sexo. La Luna de Escorpión es notoria por elevar el deseo sexual e intensificar la necesidad de pasión. Este es un gran tiempo para pasarlo en compañía de una persona con quien comparta una apasionada e íntima relación.

Personalidad de la Luna de Virgo en una Luna de Sagitario

La ardiente energía de Sagitario va a volverlo más extrovertido. Retroceda y diviértase un poco. El mejor curso de acción en esta Luna es que sea espontáneo y disfrute de sí mismo. Moverse y adaptarse a los cambios de la vida le será fácil; no obstante, que podrá estar receloso de los motivos de otras personas. Liberando la presión de sí mismo, encontrará que es más fácil tratar a los demás, incluso enfrentando estas sospechas.

Una vez estuve involucrado simultáneamente con tres personas de Luna de Virgo: mi jefe, un colaborador y una novia. Aunque tenían personalidades diferentes, sus respuestas emocionales tenían similitudes. Por ejemplo, durante una Luna de Sagitario serían invariablemente amantes de la diversión y optimistas.

En esta Luna usted generalmente será optimista y podría fácilmente motivarse a realizar un gran proyecto del que se ha estado resistiendo. Si establece un compromiso, use este tiempo para trabajar en el plan general y diviértase con él. El análisis detallado durante esta Luna no funcionará bien. Asegúrese de tener tiempo para actividades agradables.

Personalidad de la Luna de Virgo en una Luna de Capricornio

«Práctico» y «productivo» son las dos palabras que mejor describen las influencias de la Luna de Capricornio. Esta Luna lo hará que se oriente menos a los detalles e incrementará su nivel de éxito. El trabajo duro será alegre siempre que sea práctico.

Ya que esté bien centrado en esta Luna de tierra, será altamente resistente a trastornos emocionales. Cuando efectivamente ocurran, será afectado intensamente. Será cada vez más reservado, incluso introvertido. Evite la desconexión emocional de sí mismo y de los demás.

En la Luna de Capricornio será más feliz manejando sus posesiones y dinero en el mundo material. Probablemente no creerá conveniente compartir estos recursos con otras personas.

Personalidad de la Luna de Virgo en una Luna de Acuario

La Luna de Acuario es una Luna de aire de clase diferente. Aquí se sentirá separado de la vida y los demás. Puede que realmente no le importe lo que suceda a su alrededor, excepto a usted. Sus emociones fluirán muy profundamente, pero no las compartirá con otras personas.

Puede parecer que está calmado y que es sensato con poca o nula volatilidad emocional. Este no es tiempo para introspección, sino para separación. La Luna acuariana es usualmente un lugar incómodo para usted, a menos que la vida haya sido agotadora y necesite tiempo para estar solo. Cuídese y no espere demasiado. Hay un mayor potencial para problemas que para éxito durante esta Luna.

Personalidad de la Luna de Virgo en una Luna de Piscis

Sus habilidades psíquicas e intuitivas serán mejoradas en esta Luna de agua. La mayor armonía con los estados emocionales de otras personas lo hacen más humanitario y edificante. Una necesidad más sentida de ayudar surgirá de su sensibilidad. Sus relaciones amorosas se estabilizarán y florecerán, creando oportunidades para lo romántico.

Así como es más humanitario durante esta Luna, esperará que los demás sean más sensibles hacia usted. Sus sentimientos pueden ser heridos porque esto puede no siempre suceder. Será más susceptible a la manipulación. Use sus habilidades intuitivas para entender mejor los deseos de otras personas. Su enfoque lógico de la vida está aún latente, pero deberá tomar sus decisiones basándose tanto en la lógica como en la intuición.

Este signo es el opuesto de Virgo en el zodiaco. Tales influencias contrarias afectan su salud física. Durante esta Luna puede sentirse enfermo sin razón médica, tal vez hasta el punto de la hipocondría. Escuche con atención su cuerpo y evite la suposición.

Luna de Libra
Su perfil lunar

Libra es el séptimo signo del zodiaco. Es un signo de aire y masculino, que es regido por Venus, la diosa del amor. Representa una cu-
riosa combinación de cualidades —tiene influencias masculinas y es
gobernado por lo femenino—. Esta afirmación resume la forma en
que usted trata su yo interior. Los aspectos femeninos que contro-
lan sus relaciones lo incluyen entre los individuos más amorosos y
humanitarios de todos los signos. Usted es encantador y diplomáti-
co, romántico y alegre. El matrimonio, la familia y las relaciones
son de gran importancia. Se preocupa mucho cuando no son man-
tenidas la paz y la armonía. Tiene ojo para la belleza e instintivamente la busca.

Los aspectos masculinos de este signo son su agudo instinto de au-
to-conservación y un renuentemente fuerte yo interior. La consideración de los sentimientos de otras personas le funciona mejor que una
aproximación dura como el acero; sin embargo, usted puede ser tan
fuerte como desee. A menudo es subestimado porque sus cualidades
femeninas lo hacen parecer débil, pero un posible oponente rápidamente descubre su error.

La Luna de Libra lo hace indeciso, especialmente cuando se trata de
trivialidades, como la selección de su cena. En la conversación, salta
de un tema a otro, dejando a los demás en una estela de polvo. Sus procesos mentales son rápidos, pero a veces trata de solucionar un problema mayor del que realmente existe.

Es un buen compañero, pero esto también puede ser su caída.
Cuando es influenciado negativamente por la Luna de Libra, se hace
dependiente de su pareja. Debido a su innata necesidad de estar con
otras personas, puede que no se sienta bien sin alguna relación. La

inseguridad puede guiar a la manipulación para ganar su aceptación, aprobación y amor. La necesidad de aprobación y aceptación de otras personas también lo hace muy susceptible a la manipulación. A menudo se introducirá en una idea o acción sin entender completamente todas sus facetas o incluso intentar hacerlo. Si ésta es importante para alguien a quien usted quiere, debe ser también importante para usted.

La habilidad para mantener buenas relaciones personales y públicas es una de sus mayores fortalezas. Usted es muy querido por los demás porque trata a las personas con respeto. Cree en el refrán, «trata a los demás como deseas ser tratado».

La Luna de Libra es representada por la balanza, que siempre deberá estar en equilibrio. Se frustra mucho cuando alguna forma de injusticia inclina la balanza, especialmente cuando no lo hace a su favor. No le gusta ser juzgado en forma negativa, particularmente cuando un amigo cercano o un amante hace estos juicios.

Tengo una Luna de Libra y veo la justicia como un gran ideal, es algo importante para mí. La carta de tarot «justicia» describe visualmente mi actitud hacia esta cualidad. Muestra a un hombre sabio sentado sobre un trono, sosteniendo una balanza perfectamente equilibrada en una mano y una espada en la otra. El sabio juez en el trono mantiene la ley. Las reglas en su reino son justas e igualmente fuertes. Cuando la balanza de justicia se desequilibra, él imparte castigo. Yo respeto este mensaje; entre más se desequilibra la balanza menos me gusta.

Usted es un innato amoroso y romántico; estas son sus herramientas para lograr seguridad emocional. Es importante que aprenda que debe estar seguro de sí mismo antes de que pueda estarlo en una relación. Cuando esté feliz interiormente, estará totalmente realizado.

INFLUENCIAS SOBRE LA PERSONALIDAD
DE LA LUNA DE LIBRA

Personalidad de la Luna de Libra en la Luna de Aries

Esta Luna de fuego aumentará la intensidad de cualquier experiencia emocional. A Aries le gusta que las cosas vayan a gran velocidad —no tolerará sentarse y esperar a que las oportunidades se presenten por sí solas—. El tránsito de la Luna de Aries es orientado positiva y negativamente.

La Luna de Aries proveerá la suficiente influencia para forzarlo a tomar una decisión y actuar. Sin importar cuáles sean sus elecciones, las hará, les dará prioridad y empezará. Es muy probable que escoja las cosas que menos le gustan como las primeras en ser realizadas. Es posible que haga juegos malabares con varias actividades a la vez, tales como la lavandería, limpiar la casa y hacer el desayuno.

El otro lado de la Luna de Aries es la impaciencia. Esperar será su actividad menos preferida y servir a alguien más será una molestia. La comunicación es especialmente volátil. Usted esperará que su punto de vista sea entendido inmediatamente. Si no es así, su impaciencia se convertirá en frustración o ira. La paciencia es esencial si va a congeniar con otras personas. Normalmente acepto a los demás y les doy mucho espacio para que sean ellos mismos. En la Luna de Aries, me encuentro listo para perder mi humor. Mi paciencia está en su punto bajo mensual.

Usualmente soy argumentador y puedo enojarme con menos provocación. Por consiguiente, he encontrado que enfatizar la emoción y la aventura funciona mejor que enfrentar proyectos conjuntos.

Cuando tenga la oportunidad de disfrutar de sí mismo, esto también será estimulado por la Luna de Aries. Hay espacio para más diversión siempre que no tenga que esperar.

Personalidad de la Luna de Libra en la Luna de Tauro

Este fuerte signo de tierra puede darle la fortaleza interior para conseguir lo que desee. El amor está en movimiento durante esta influencia. Podrá encontrarse moviéndose un poco lento debido a la naturaleza centrada de esta Luna, que no tolera su indecisión.

Esta Luna hará surgir su fortaleza. Será lo suficientemente terco para exigir el derecho de elección y recurrir a él hasta que sea bueno y disponible. Este tiempo podría también ser muy productivo en las esferas mundanas.

La Luna de Libra tiene la capacidad de ser perezosa y la bien centrada Luna de Tauro puede serlo. Este es un buen tiempo para relajarse y jugar. Disfrute de sus pasatiempos preferidos, ya que probablemente será incapaz de decidir cuál hacer primero.

Mi signo solar es Tauro, así que encuentro fácil en la Luna de Tauro liberarme del estrés y simplemente divertirme. Una compañía amante de la diversión a menudo me ayudará a cambiar engranajes y aumentar mi naturaleza juguetona.

La compañía es muy deseable en esta Luna. Ambos signos se inclinan a lo romántico, pues están regidos por la diosa del amor. La Luna taureana enfatiza el compartir, lo cual se ajusta muy bien con los ideales de la Luna de Libra. En la Luna de Tauro su naturaleza amorosa y humanitaria será intensificada; sin embargo, usted no saltará un acantilado por amor durante este período. Bajo este signo de tierra, será más práctico para conocer a la otra persona y comenzará una relación lentamente. A diferencia de la Luna de Aries, Tauro tiene mucha paciencia.

Personalidad de la Luna de Libra en la Luna de Géminis

La Luna de Géminis, representada por los gemelos, es un signo de aire. Esta Luna es aún más dispersa que la Luna de Libra.

Sus habilidades comunicativas serán agudizadas. A usted le gusta hablar y esta Luna intensificará dicho deseo. Géminis es también un signo intelectual; con optimismo, impedirá que otras personas lo etiqueten como un descerebrado, aunque por la manera en que cambia de tema puede dar otra impresión.

La gente escuchará lo que usted tiene que decir, especialmente personas del sexo opuesto, pues su encanto natural es aumentado por esta Luna. Tenga cuidado con la coquetería o el galanteo —en esta Luna podría dar a alguien una impresión equivocada—. He hecho esto muchas veces en una Luna geminiana y he aprendido a evitar por completo conversaciones con flirteos.

Su ingenio e intelecto serán muy rápidos. Esta es una fantástica oportunidad para las relaciones públicas —trate de entretenerse o hacer unas cuantas llamadas de ventas—. Observe su humor, pues su veloz ingenio podría rápidamente tornarse en sarcasmo. Esto es un peligro solamente para personas que no toman las cosas seriamente.

Personalidad de la Luna de Libra en la Luna de Cáncer

Una Luna de Cáncer puede ser una maravillosa experiencia si se encuentra emocionalmente bien, seguro y estable. Le ayudará a ver las áreas de su yo interno que necesitan mejoramiento.

Un día en la playa es una de las mejores formas de manejar una Luna canceriana. Un ambiente acuoso es un buen catalizador para una mirada honesta e introspectiva de usted mismo y su bienestar emocional. La playa, un lago o cerca a un río, son buenos lugares, pero cualquier sitio en la naturaleza también servirá. Yo adoro la playa, especialmente en una Luna de Cáncer.

Esté dispuesto a abrirse a una verdadera auto-examinación, pero no sea cruel consigo mismo. Aprenda por qué reacciona de la manera que lo hace. Conocimiento es poder y entre más sepa de sí mismo, más poderoso se volverá. No olvide encender ese encanto; incluso mejorará su disposición.

Cuando tenga su vida emocional en orden, una Luna canceriana es un tiempo enriquecedor. Emociones fácilmente accesibles abren nuevas posibilidades. Podrá interactuar con otras personas con más facilidad y sus relaciones serán más íntimas. En realidad, un día en una playa retirada junto a quienes ama podría ser una buena forma de aprovechar esta Luna.

Recuerdo un anochecer cuando Ariel y yo conducíamos de regreso de una caminata de fuego, disfrutando de una agradable conversación. Nuestras palabras repentinamente se hicieron tensas y surgieron lágrimas de la nada. Exploramos nuestros sentimientos y desterramos las emociones negativas que nos habían sorprendido. Después, Ariel comentó que debíamos haber estado en una Luna de Cáncer. Estaba en lo correcto.

Personalidad de la Luna de Libra en la Luna de Leo

Esta Luna de fuego calentará sus emociones. Tome un suave control de su ambiente y atraiga mucha atención haciéndolo. La seguridad interior no será un problema con la cálida energía de Leo. Su encanto diario será suplido por el carácter efusivo y la actitud despreocupada. Estará más cómodo al hablar y será más sincero.

Cuando asuma liderazgo en su vida, es probable que en su camino esté el reconocimiento. Su habilidad para tomar decisiones será mayor cuando sus necesidades emocionales sean cumplidas, despejando de este modo un lugar para que brille la nobleza del león. Todo este reconocimiento y la noble aceptación se reflejarán en su propia visión de sí mismo. La seguridad emocional crecerá al aceptar el reflejo de su yo interno como realmente es y no como usted lo proyecta.

Siempre disfruto el calor de la Luna de Leo, especialmente después de una difícil Luna canceriana. Esta Luna de fuego seca las lágrimas y calienta el corazón. Hay suficiente energía disponible para ponerme de nuevo en movimiento.

Personalidad de la Luna de Libra en la Luna de Virgo

Esta Luna puede volverlo loco. Usted ya carece de la habilidad para tomar decisiones simples y esta Luna analítica lo hará discutir más sus posibilidades. En lugar de simplemente hacer una elección, ahora deseará considerar todos los hechos. Esta Luna lo inspirará a analizar todo lo que en su vida no haya sido decidido firmemente. También hará que cuestione sus necesidades y deseos.

En una ocasión salí a comprar ropa en una Luna de Virgo. Mis planes de viaje incluían visitar América del Sur. Deseaba ropa ligera y duradera, apta para la selva y las cumbres de las montañas. La ayuda del vendedor en esa sección no fue suficiente para satisfacer mi necesidad de análisis. Luego hablé con otros dos vendedores de diferentes partes del almacén. Examiné cada puntada de una nueva tela de alta tecnología y decidí que el cierre no parecía lo suficientemente fuerte. Después de salir del almacén fui a otro e hice las mismas preguntas, buscando detalles importantes, convencido de que había más por aprender sobre pantalones. Aún no hacía compra alguna y opté por esperar la línea de primavera, que llegaría unas pocas semanas después.

La mayoría de personas concuerdan en que es buena idea observar todos los hechos para hacer una elección informada, pero esto puede ser llevado a extremos. Después de todo, ¿cuántas personas conoce que pidan a la fábrica reportes de prueba de un nuevo carro antes de comprarlo? Esto es especialmente aplicable a una personalidad de la Luna de Libra. Usted tiene ya demasiado con su lucha decidiendo el color, como para decidir si veinte libras por pie es una especificación apropiada del esfuerzo de rotación. Relájese durante esta Luna, acuéstese en el pasto y analice las nubes.

Personalidad de la Luna de Libra en la Luna de Libra

Se sentirá cómodo aquí porque es el lugar de su Luna; sin embargo, la comodidad no siempre es buena. El bienestar se origina cuando se reconozca a sí mismo y pueda no estar feliz con lo que ve en el espejo. Si es así, este lugar puede sentirse tristemente familiar.

Todas sus cualidades emocionales serán intensificadas en esta Luna. Use este tiempo para observarse a sí mismo. ¿Son estas cualidades emocionales las que lo hacen feliz? Mirarse en el espejo no siempre es fácil, pero si observa bien encontrará la verdad. La persona que lo mira es su mejor amigo.

Usted trata a quien se encuentra con cortesía, respeto y amabilidad. Es cálido y amoroso en su círculo de amigos. Si desea ser tratado similarmente, debe hacerlo consigo mismo como el mejor amigo. Una vez que haya desarrollado una conformidad personal, los demás verán sus verdaderas cualidades.

Bajo la influencia de la Luna de Libra es fácil que rompa su concentración y pierda el rastro de lo que está haciendo. Debido a mi distracción y falta de enfoque en esta Luna, he sido llamado un descerebrado por buenas razones. He salido de mi apartamento y regresado a recoger artículos que he olvidado cuatro o cinco veces antes de recordar todo lo que necesito. He olvidado el propósito y los boletos de viaje a medio camino de mi destino. A veces he marcado un número telefónico para luego olvidar a quién estoy llamando cuando el teléfono es respondido.

Personalidad de la Luna de Libra en la Luna de Escorpión

«Intensa sexualidad» podría ser el lema de esta Luna de agua. Las influencias de dicha Luna son simples —intensidad de emociones con énfasis en el mundo físico—.

La Luna de Escorpión es más que una influencia sexual. Esta Luna de agua afectará sus emociones de muchas formas, pero especialmente en deseos carnales. Siempre que esté dispuesto a experimentar cambios emocionales, esta Luna ante todo conducirá sus deseos sexuales. Esto puede en ocasiones ser más intenso que lo que usted desea, pero si permanece abierto a ella, descubrirá su sensualidad. La influencia de la Luna de Escorpión me ha expuesto a más deseos físicos que los que desearía recordar. Ha habido muchos momentos de gran placer, pero también ocasiones que me gustaría olvidar.

Hay una gran dosis de energía romántica escondida en toda esta intensidad. Puede sentirse mejor en esta atmósfera romántica que en cualquier otro esquema. Esto suena raro, pues usted en el fondo es romántico, pero si deja que estos sentimientos hagan su trabajo, responderá al amor con sensualidad.

Personalidad de la Luna de Libra en la Luna de Sagitario

Su encanto innato será aumentado por esta Luna de fuego. Sagitario no tiene un aspecto de pereza, pero sí incita a un ambiente relajado. Esta es la Luna perfecta para seguir a Escorpión, que causó esos intensos sentimientos sensuales y románticos para empezar a responderle al amor. La Luna de Sagitario da el siguiente paso creando un espacio para una amistad cálida y una divertida interacción.

Tome un enfoque que no esté estructurado para la vida. Deje que sus energías fluyan en la dirección que escojan y que hagan la mayor parte del viaje. Durante esta Luna usted no será intensamente sentimental; se parece más a unas vacaciones activas. Será más difícil encontrar sus puntos débiles, así que los demás no los presionarán tan a menudo. El único problema que puede surgir tiene que ver con los límites dentro de las relaciones. Puede estar tentado a evitar los compromisos y si cruza esas fronteras, se sentirá despreocupado ahora y culpable después.

Sea feliz consigo mismo y acepte sus emociones. Su yo interior necesita tiempo para actuar y relajarse. Tenga paciencia y las recompensas serán evidentes en su actitud. Observe cómo cambian sus sentimientos al variar su perspectiva hacia la vida —siempre hay algo que aprender—.

Personalidad de la Luna de Libra en la Luna de Capricornio

Esta Luna de tierra se enfocará en la seguridad. No se trata de la seguridad de su casa y sus bienes, sino de la paz interior y la tranquilidad emocional que se origina con un hogar y un estilo de vida sanos. Esta es una Luna práctica y en ella trabajará duro para alcanzar lo que es más importante para usted. Estos logros pueden variar en alcance, pero usualmente provienen de la misma raíz: seguridad y estabilidad emocional.

En esta Luna, invariablemente observo mis objetivos y cómo se ajusta al plan mi situación financiera. Si he aplazado sacar el saldo de mi chequera, lo hago en la Luna de Capricornio. Mi coeficiente de sentido práctico es muy alto, y soy capaz de deshacerme de muchas cosas que guardaría durante otra Luna.

Usted puede sentirse protector de su espacio hogareño, su estatus financiero y el bienestar suyo y de su familia. Esta necesidad de protección es sólo otra ramificación de la seguridad emocional. Trate de hacer su vida más segura, y hágalo empezando a ser más seguro de sus propias emociones.

Usted es una persona sensible y esta Luna es conocida por suprimir sentimientos. No deje que esto le suceda. Examine su necesidad de seguridad emocional. ¿Es justificada o basada en el temor? Si el miedo es la fuerza dominante, libérelo.

Personalidad de la Luna de Libra en la Luna de Acuario

Será difícil tener acceso a los sentimientos durante esta influencia. La Luna acuariana aumentará su actividad mental. Será menos probable que discuta todo con todo el mundo o que salte de un tema a otro, pero desde luego de mantener el suyo en cualquier conversación. Su atractivo le funciona bien, pero puede esconder sus emociones detrás de él.

La Luna de Acuario no lo motivará a abrirse a alguien. Lo que está adentro es mejor dejarlo ahí, fuera de alcance. En realidad, no apreciará los esfuerzos de otros para estar cerca. Esto puede crear un conflicto entre su necesidad de intimidad y la necesidad acuariana de aislamiento emocional. Podría haber momentos en que el secreto haga sentir que sus poderes de decisión no serán mejorados en lo absoluto en esta Luna. Si los demás lo tratan de una manera no tan abierta, podría inclinarse a hacer lo mismo. Si se asocia con amigos cercanos durante esta influencia, podrá enfocarse mejor en sus necesidades, y aun así pasará un tiempo muy grato en compañía de sus amigos.

La Luna de Acuario tiende a ser adversa para mí. Debido a que inculca una necesidad de esconder mis emociones del mundo, encuentro más difícil involucrarme realmente y estar comprometido. A veces me siento mal, pero usualmente opto por conversaciones sencillas e intercambios amigables. Dejo el verdadero trabajo para una Luna de tierra.

Personalidad de la Luna de Libra en la Luna de Piscis

Este signo de agua es realmente romántico. La intensidad sexual de la Luna de Escorpión ha pasado, y la sensible, sensual y romántica ha llegado para trabajar su magia. Concéntrese en su relación principal. Con su encanto y elegancia tendrá a su pareja a sus pies.

Use sus poderes intuitivos. Si no está comprometido, podría ser parte de un romance de novela y perder la visión de la realidad. Su intuición, si la escucha, le ayudará a permanecer con los pies sobre la tierra y no a salir corriendo para Las Vegas para una ceremonia de boda espontánea y a medianoche.

Disfrute sus sentimientos de amor y armonía. No hay un mejor tiempo. La felicidad puede ser encontrada en las manos de su pareja si confía en sus propios sentimientos y les deja ver su verdadero yo. Soy un asiduo romántico y esto se ajusta bien a mí.

Luna de Escorpión
Su perfil lunar
♏

El octavo signo del zodiaco, Escorpión, es de agua y se encuentra gobernado por dos dioses planetarios: Plutón, regidor del mundo terrenal; y Marte, el dios de la guerra. Es un signo femenino que tiene una estrecha conexión con la Luna y las emociones. Esta es una poderosa Luna, más intensa que cualquier otra debido a sus regentes planetarios. La influencia terrenal de Plutón esconde las emociones. Marte está eternamente preparado para la batalla emocional. Combinados, estos dos regidores lo influencian para que sea intenso y reservado.

Usted es muy intuitivo, y sus emociones fluyen profundamente. Tan profundo, en realidad, que puede ser muy poderoso y reservado. Puede dominar fácilmente a otra persona, pero también encuentra fácil alejarse a su mundo interior. «Pasión» es la palabra que mejor lo describe. Es apasionado por todos los aspectos de su vida. Le es difícil dejar entrar a alguien porque su pasión puede volverse excesiva. Su memoria es fenomenal, pero, otra vez, la incapacidad para olvidar puede ser una ventaja relativa.

Al describir su personalidad cada rasgo debería ser precedido por la palabra «muy» o «intensamente». Su personalidad magnética atrae la gente hacia usted y no desea potenciales amigos o compañeros en su vida. Su Luna es una verdadera seductora y lo hace bastante aceptable y atractivo.

Con vínculos cercanos a la Luna, es increíblemente intuitivo. Con poco esfuerzo puede agudizar sus instintos hasta el punto que nunca es engañado. La verdad no le será esquiva, sin importar su naturaleza. Es casi imposible para los demás esconderle cosas, y totalmente imposible que se esconda de sí mismo. Otras personas pueden desarrollar recelo por sus habilidades intuitivas, pues piensan que usted fisgonea demasiado. Evite expresar con palabras su conocimiento ganado intuitivamente. Una vez que haya utilizado autodisciplina, sus habilidades intuitivas, combinadas con la fortaleza de su yo interior, lo harán muy poderoso.

Su memoria le funciona muy bien. Una memoria fotográfica es una característica maravillosa, excepto cuando le impide perdonar. Puede tener problemas para perdonar a alguien que lo ha tratado mal, especialmente a usted mismo. Las personas efectivamente cometen errores, y si las considera, al igual que a usted mismo, responsables para siempre, nunca será feliz en la vida. El perdón es un rasgo admirable que vale la pena llevar a extremos.

Tiene la habilidad de alejarse y perderse en su propio mundo durante períodos de tiempo. Nadie puede compartir su mundo interior, excepto, tal vez, su alma compañera.

Usted es una persona intensamente sensual. Si entiende e instintivamente usa su sensualidad, puede ser seductor sin cruzar la línea. Su sensualidad tiene un enorme apetito. Quiere sentirse conectado con los demás —encontrar su necesidad de intimidad física es importante—. Si esto no sucede, el sexo puede convertirse en una muleta que es usada para reemplazar el afecto que está perdiendo.

Si aprovecha los regalos que ha recibido de su Luna de Escorpión, puede ser poderoso, seductor, íntimo e intimidante, La elección es suya.

INFLUENCIAS SOBRE LA PERSONALIDAD DE LA LUNA ESCORPIÓN

Personalidad de la Luna de Escorpión en la Luna de Aries

La ardiente naturaleza de este signo es atractiva para usted, pues su regidor planetario también es Marte. El calor de esta Luna se mezcla bien con su perspectiva apasionada. No aumentará intensidad, pero aumentará el deseo y la motivación.

Esta Luna lo ayudará a moverse; es un tiempo de «hacerse cargo y hacerlo». A la persona influenciada por Aries no le gusta sólo sentarse y jugar. Lo estimulará a realizar algo. Use este período para dar grandes pasos hacia sus objetivos.

La Luna de Aries también es conocida por su pasión. Su pasión no sostiene una vela cerca de la suya, pero las energías se sentirán bien en usted.

Sus emociones pueden ser calientes en esta Luna. Un desacuerdo puede rápidamente tornarse en ira. Esto es especialmente común cuando su intuición le dice algo diferente de lo que escucha de la otra persona. La clave es saber cuándo está intuitivamente obteniendo la verdad, y en qué momento sus propias emociones, tales como la envidia, están nublando su juicio.

Personalidad de la Luna de Escorpión en la Luna de Tauro

No se deje sepultar por esta Luna de tierra. Está bien cimentada y podría agotar su energía. Usted puede pensar que necesita descansar después de la Luna de Aries, pero mientras los días pasan, sentirá que su energía sigue escabulléndose.

La naturaleza del toro lo hace ser hogareño. Puede encontrar que estar abrazado con cariño en el sofá, frente a un cálido fuego, es justo lo que necesita. Esta puede ser una Luna muy sensual si su relación está firmemente arraigada. La Luna de Tauro enfatiza un hogar cómodo y seguro y un estilo de vida firme emocionalmente. Este es un buen tiempo para que observe los asuntos que pueda tener con seguridad.

Usted será muy afectuoso durante esta influencia. Puede parecer que está débil o agotado, pero si está feliz interiormente, todo saldrá bien. Sea usted mismo y disfrute la intimidad de la persona más cercana.

Personalidad de la Luna de Escorpión en la Luna de Géminis

Esta Luna induce una completa falta de enfoque. Su naturaleza airosa afectará su percepción de la información intuitiva que usted recibe. Puede sentirse disperso mentalmente y no seguro de sus instintos. Usa sus habilidades intuitivas, dándose cuenta o no, para quejarse de la mayoría de las áreas de su vida. Su intuición está armonizada con la verdad, y ayuda a mantener sus apasionadas respuestas emocionales alineadas con sus deseos. Cuando los mensajes cósmicos están siendo obstruidos en esta Luna, usted es menos capaz de encontrar su camino y sus emociones tienen más libertad para reaccionar.

Puede volverse celoso respecto a su relación principal. Esta es también una Luna coqueta. El flirteo de su pareja con otra persona podría enviarlo al borde. Para contrarrestar las respuestas emocionales centradas alrededor de los celos, puede volverse muy positivo. Si su pareja no puede liberarse de su mira, hay razón para preocuparse. Sea cuidadoso con esta Luna.

Personalidad de la Luna de Escorpión en la Luna de Cáncer

Cáncer también es una Luna de agua pero, a diferencia de la Luna de Escorpión, es de humor muy variable. Usted está en casa y aprecia la energía romántica de esta Luna, pero no está acostumbrado al cambio de humor, lo cual desde luego será incómodo.

Sus sentimientos son profundos, y en la Luna canceriana será altamente sensible a los sentimientos de otras personas. También será fácil para los demás herir a los suyos. Reaccionará con mayor facilidad a la estimulación positiva o negativa de otra persona.

Las emociones variarán de intensidad, pero principalmente estarán en la parte superior de la escala. Ello se debe a la combinación de su intensidad emocional con la influencia emotiva de esta Luna. Su mejor receta para la influencia de esta Luna es tratar de permanecer tranquilo y aprender de sus reacciones.

Las Lunas de Cáncer pueden ser muy difíciles para las personas de Luna de Escorpión que conozco. Regularmente hago visitas con mis amigos consejeros, y cada vez que nos encontramos o hablamos ellos preguntan cuándo llegará la Luna de Cáncer. Los afecta tanto, que han desarrollado su propia «cura».

Personalidad de la Luna de Escorpión en la Luna de Leo

Esta podría ser una Luna beneficiosa. Aquí se estimula la fuerza, la voluntariedad y el orgullo. La energía de fuego suministrada por esta Luna acentuará su encanto, bondad y alegre personalidad.

Usted muestra los mismos rasgos básicos de la persona con una natal Luna de Leo, excepto que estas características son del yo interior y no del yo exterior. Emocionalmente tiene mucha fortaleza y fuerza de voluntad. Está lleno de vida y ama intensamente.

Cuando estos dos juegos de características lunares se combinen, se volverá totalmente fuerte y voluntarioso, «una fuerza con que contar». Generalmente será amoroso y humanitario, sensible y fuerte y completamente capaz de dominar deseos menores con la fortaleza de su constitución.

Considere usar su fuerza de voluntad, fortaleza, sensibilidad y encanto para encontrar una playa tranquila y acostarse bajo el Sol durante unos cuantos días. Como lo dijo uno de mis amigos consejeros, «me gusta premiarme por un trabajo bien hecho».

Personalidad de la Luna de Escorpión en la Luna de Virgo

Esta es otra Luna de tierra bien centrada, pero con un giro. La Luna de Virgo inspira análisis de todas las cosas, incluyendo sus propias emociones. La vida durante esta influencia será tranquila, o al menos más que lo usual. El letargo es una queja común, pero es menos usual en esta Luna que en la de Tauro.

Ya que usted es profundamente sentimental y esta es una Luna segura, obsérvese dura y detalladamente a sí mismo. ¿Qué dirección quiere darle a su vida? ¿Por qué no es dirigida de esa forma? ¿Cuáles son sus objetivos a largo plazo y qué es lo que lo detiene para alcanzarlos? ¿Qué desea ser en el futuro y por qué está tomando tanto tiempo?

Esta Luna provee el perfecto telón de fondo para el auto-análisis detallado y la estricta examinación de sus relaciones. Sus poderes intuitivos lo ayudarán.

Bob, el esposo de una amiga cercana, frecuentemente habla de su deseo de emprender un campo de trabajo completamente diferente al suyo. Esta Luna le ayuda a planear su transición y hace elecciones «reales» acerca del momento oportuno y el futuro.

Esta es una Luna de trabajo duro y para sentirse cómodo en ella tendrá que trabajar. Su intuición está disponible para ayudar con los procesos internos.

Personalidad de la Luna de Escorpión en la Luna de Libra

La airosa Luna de Libra lo influenciará a ser un poco casquivano, pero ese es el punto de su energía negativa. Esta Luna es muy amorosa y humanitaria y promueve la sensibilidad hacia sentimientos de otras personas.

Tratando con los demás podría encontrarse excesivamente interesado por sus sentimientos. Su intuición clasificará estas preocupaciones y determinará la diferencia entre sus temores de herir los sentimientos de otras personas y la realidad de hacerlo. Observe los miedos que surjan, pues pueden ser una manifestación de sus propias inseguridades.

Esta Luna actuará sobre usted suavemente, como si lo influenciara con una caricia. Esta es una Luna débil, incapaz de combatir su fortaleza interior y fuerza de voluntad. La única excepción es su habilidad para dispersar su enfoque. La Luna de Libra es versada en volver a una persona insegura acerca de su estado emocional.

Personalidad de la Luna de Escorpión en la Luna de Escorpión

Una personalidad de Luna de Escorpión en un tránsito de Luna del mismo signo puede ser comparada con quitarse las gafas y mirar directamente al Sol. Esta Luna adicionará intensidad a su ya intenso yo sentimental.

Usted requerirá mucho de otras personas y esperará de ellas una postura clara. Si se encuentra en una relación importante, entonces entrará en juego su sensualidad. Deje que esta sea un catalizador para un anochecer romántico con su persona favorita. (Dos de mis amigos, que son pareja, se vuelven lujuriosamente apasionados en esta Luna.) Si está inseguro con su ser amado, sus celos y su actitud posesiva podrían estallar en cualquier momento. Antes que reaccione violentamente, escuche su intuición y confíe en ella. Probablemente sólo está sintiendo los efectos negativos de esta Luna. En realidad es posible que sea adorado, pero tal vez no de la manera que usted desearía.

Use la intensidad de esta Luna para mejorar. Trate de controlar sus sentimientos negativos hasta que retorne a su normalidad.

Personalidad de la Luna de Escorpión en la Luna de Sagitario

Usted tiene una necesidad innata de liberarse de los vínculos emocionales en su vida. Las relaciones son muy importantes para su paz mental, pero también necesita sentirse independiente y estar libre de relaciones sentimentales que lo aten. La Luna de Sagitario es amante de la libertad y ve la vida como un día sosegado en la playa.

Esta debería ser una buena mezcla de energías para usted. La energía de fuego de esta Luna lo mantendrá en movimiento. La libertad emocional fomentada por las dos Lunas le dará permiso para disfrutar de sí mismo. Un par de días bajo el Sol será una buena idea.

Recomiendo el relajamiento para personas con Lunas de Escorpión en Lunas de fuego. He observado que mis amigos de Lunas de Escorpión requieren una constante recarga. La intensidad que sus Lunas producen en sus vidas puede rápidamente volverse agobiante. El peligro en esta Luna es el total abandono de responsabilidades y compromisos. Usted es muy sensible para abandonar a otra persona, pero tenga cuidado que los demás podrían sentir que están siendo abandonados bajo ciertas circunstancias. No tiene por qué huir físicamente, pues lo que realmente desea es libertad mental y emocional.

Personalidad de la Luna de Escorpión en la Luna de Capricornio

Esta Luna de tierra es práctica. Cuando sea influenciado por ella será valiente, fuerte, voluntarioso e impulsado a lograr cosas. La Luna de Capricornio es conducida al éxito, pero sólo cuando hay una apuesta personal en el resultado. Este no es un tiempo para tratar de realizar algo para otro individuo. Usted debe estar personalmente involucrado en los resultados.

Esta Luna tendrá un efecto tranquilizante sobre su usual intensidad. La naturaleza centrada de ella drenará parte de dicha pasión y lo ayudará a que se reafirme sin perturbarse. Esta es una influencia para que trabaje en sus lazos emocionales con conceptos e ideales terrenales.

La abundancia de negocios de auto-almacenaje en estos días habla del creciente número de ratas de jauría que nuestra sociedad está reproduciendo. Este es un gran tiempo para cortar los lazos que lo atan a cosas «sin usar». En el curso de un tránsito de Luna capricorniana, visité tres ventas de garaje, cada una en la casa de un amigo con Luna de Escorpión.

Personalidad de la Luna de Escorpión en la Luna de Acuario

La Luna de Acuario puede traer una multitud de circunstancias desconocidas. Es una influencia que puede guiarlo a creer que no tiene emociones y no las necesita. Esta Luna de aire puede ser impredecible e inconsistente. Si finge no tener emociones, éstas permanecerán ocultas y no se sabe dónde o cuándo emergerán.

Usted puede estar propenso a la depresión o el alejamiento durante este período. La profundidad en la cual siente sus emociones es sólo comparada con la profundidad en la que una persona de Luna acuariana trata de esconderlas. Para clasificar estos sentimientos, Bob iba al bosque durante varios días cada cierto número de meses. Su esposa y yo vimos las fechas que escogía y encontramos que casi siempre coincidían con la Luna de Acuario.

Esta Luna mejorará las habilidades comunicativas, pero debe tener cuidado de no dar la impresión de insensibilidad. Esto es improbable, pero en ocasiones usted puede ser muy prosaico y cuando se mezcla con los anestesiados sentimientos de la Luna acuariana, el resultado podría ser la insensibilidad. Si es flexible en su enfoque hacia los demás la pasará muy bien.

Personalidad de la Luna de Escorpión en la Luna de Piscis

La Luna de Piscis es idealista cuando aparece frente a emociones y relaciones. En esta Luna de agua sus emociones serán el foco de atención, pero en el campo de la relación perfecta, el encuentro romántico ideal o el amante perfecto.

Se sentirá mejor con su relación principal (y consigo mismo), a menos que su relación principal no esté dirigida correctamente. Si ese es el caso, habrá emociones por las que tendrá que atravesar considerando su nivel de compromiso.

Esta es una maravillosa Luna si está en el lugar apropiado con la persona adecuada. La vida será dulce, y usted puede encontrarse planeando construir la casita de campo con la cerca de piquetes blancos. Mejore la relación con su pareja. El romanticismo de esta Luna ayudará a suavizar ambos lados.

Esta influencia también puede ser usada para mejorar su relación consigo mismo. Préndese por los esfuerzos realizados para superar recientes dificultades. Haga planes para su futuro. Forme en su mente la visión de la relación perfecta, la casa perfecta o la vida perfecta. Use afirmaciones para hacer realidad estas creaciones idealistas. Esto será especialmente efectivo en una Luna Nueva.

Luna de Sagitario
Su perfil lunar
♐

Sagitario es el noveno signo del zodiaco. Su regidor planetario es Júpiter, el padre celestial de la civilización romana. En la astrología, el planeta Júpiter está asociado con el mundo material y la suerte. Es masculino y tiene los atributos del fuego.

Usted es un líder inspirativo. Faculta a los demás enseñándoles con estímulo. La actividad del conocimiento es un rol vital en su vida y esta búsqueda a menudo lo lleva a esferas filosóficas y religiosas. Su confianza en el ciclo de la vida y la forma en que fluye inculca seguridad en los demás.

También es idealista, especialmente en lo referente a sus emociones. La visión utópica del mundo observada a través de sus filtros emocionales, puede causar dificultades debido a sus expectativas respecto a los demás. La discreción puede ser un desafío, especialmente cuando otra persona no cumple sus exigencias. Para usted es difícil mantener sus sentimientos en sí mismo. Puede sin intención ser muy franco y dañino en sus comentarios.

La Luna de Sagitario lo inspira a estar libre de restricciones. Se esfuerza por ser independiente y no puede estar sintiéndose atrapado o reprimido. También es muy optimista. Debería tener cuidado de no dejar que su optimismo se convierta en idealismo excesivo. Si las cosas no salen como quiere, podría empezar a sentir los muros del compromiso cerrándose. Una vez que se sienta atrapado, empezará a hacer planes de viajes.

Tiene un buen sentido del humor y la habilidad de pasar por alto sus propios fracasos. Reírse de sí mismo es una capacidad que ha perfeccionado. El optimismo y entusiasmo le permiten superar el fracaso. Es distinto que se pregunte por qué falló. Usted simplemente comienza una y otra vez y tiene fe de que cualquier cosa que intente hacer funcionará. Tiene la visión de lo que desea y a dónde quiere ir y prefiere divertirse mientras alcanza sus objetivos. El entusiasmo y el amor por la aventura lo mantienen regresando por más.

INFLUENCIAS SOBRE LA PERSONALIDAD DE LA LUNA DE SAGITARIO

Personalidad de la Luna de Sagitario en la Luna de Aries
Esta Luna de fuego aumentará la ansiedad y estímulo a sus sentimientos despreocupados y románticos. Este es un tiempo de acción. No importa hacia dónde va, sólo que lo esté haciendo rápido. Deseará ser el primero en la fila, primero en el semáforo y correrá a contestar el teléfono.

Puede molestarse con los demás porque no comparten su punto de vista. En esta Luna, la molestia puede rápidamente convertirse en ira. Sus emociones estarán más calientes que lo usual, especialmente las involucradas en confrontaciones.

Mi antigua amiga Nancy y yo discutimos más veces en Luna de Aries que en todas las otras Lunas combinadas. En realidad, rara vez lo hacemos en un tiempo diferente al de la Luna ariana. Recuerdo una ocasión cuando la llamé y tuvimos un desacuerdo antes que de mi boca saliera la primera palabra.

Esta podría también ser una Luna muy productiva. Use esta energía motivadora para realizar algunas cosas. Estaría mejor trabajando en proyectos desarrollados en solitario. Su impaciencia con los demás estará latente ahora. Ellos tal vez no trabajen tan eficientemente o en la forma que usted prefiere.

La Luna de Aries es un buen tiempo para iniciar proyectos que han sido aplazados por algún tiempo. Hay un alto nivel de energía disponible para enfoques innovadores y nuevas perspectivas. Usted es creativo en forma aventurera, por eso las cosas que previamente ha considerado riesgosas ahora son emocionantes y divertidas.

Personalidad de la Luna de Sagitario en la Luna de Tauro

En esta Luna se sentirá bastante perseverante o letárgico. Esta es una buena influencia para trabajar en proyectos que ya han sido iniciados. Se encuentra en una Luna firmemente centrada en la cual manejará mejor asuntos terrenales. Su nivel energético podría reducirse dramáticamente, especialmente cuando comience algo nuevo. Introdúzcase en tareas ya en progreso.

Su casa será importante durante esta Luna. Es su refugio —su lugar cálido y seguro del mundo exterior—. La seguridad será un enfoque importante. Si ésta hace falta en el campo emocional, una repentina necesidad de seguridad en el hogar o en una relación, podría ser una manifestación externa de un temor de reconocimiento, soledad o aceptación.

Nancy se siente sin energía en esta Luna y prefiere pasar mucho tiempo en los confines de su casa. Es difícil engatusarla durante la Luna taureana. Ella prefiere permanecer en casa y jugar a las cartas o con juegos de tablero.

Personalidad de la Luna de Sagitario en la Luna de Géminis

Las palabras que mejor describen las influencias de la Luna de Géminis son: inconstante, amante de la diversión, juguetón y frívolo. Los gemelos lo mueven hacia una imagen multifacética. Usted mantendrá su yo interior algo oculto mientras hurga en las almas de otros. Bajo esta Luna de aire puede encontrar que los demás lo describen como «carente de enfoque» o «distraído».

La Luna de Géminis es intelectual, mientras que la de Sagitario es romántica. Estará aburrido, a menos que una actividad despierte sus facultades intelectuales y sensuales. Este es un tiempo para moverse en círculos sociales. Estará apurado por tener suficiente tiempo para empezar o terminar cualquier proyecto que requiera un esfuerzo concentrado.

Diviértase durante esta Luna —puede coquetear y jugar—. Trate de no tomar este período tan seriamente. Permítase la libertad de estar despeinado. Si se concentra en sus emociones, encontrará más fácil conectarse con los demás.

Personalidad de la Luna de Sagitario en la Luna de Cáncer

La Luna de Cáncer lo hará enfocarse interiormente. Es difícil ignorar esta Luna de agua. Este es un tiempo de honestidad con uno mismo. La influencia de esta Luna le dará una clara penetración que le permitirá ver exactamente lo que está ocurriendo en su mundo interior. Si sus asuntos emocionales están en orden, y ha estado tratándolos honestamente, entonces esta puede ser una Luna feliz en la cual podrá trabajar para hacer de su casa un verdadero hogar.

El conocimiento proviene de la habilidad de esta Luna de desnudar todas las razones basadas en el ego que suele esconder de la verdad. La verdad al desnudo es todo lo que queda y, si ha sido deshonesto consigo mismo, esta verdad puede ser dura. Durante este tránsito no puede apartar los ojos de su yo interior.

La acuosa naturaleza de esta Luna hará surgir sus verdaderos sentimientos y temores, mientras su fuego aumenta de intensidad y acrecienta la mezcla. Es común sentirse atrapado en esta Luna —sin salida de la prisión emocional—. Aunque esto no es así, es un verdadero temor. Mi amiga Nancy me dijo que quería salir a un retiro o a la playa durante una semana cada vez que empezaban a fluir las lágrimas de la Luna de Cáncer.

El secreto es no dejar que sus temores lo detengan. Ahora puede ver claramente, así que actúe sin indecisión para eliminar sus miedos. La acción hacia la resolución de sus sentimientos negativos es la mejor cura para la Luna canceriana.

Personalidad de la Luna de Sagitario en la Luna de Leo

Por supuesto que esta Luna de fuego puede hacerlo sentir bien. El calor de la Luna de Leo es cómodo y promete un buen tiempo. Usted será muy sociable y extrovertido, aunque puede interesarse más en sí mismo que en los sentimientos de otras personas.

El león es el rey de la selva. También usted deseará estar a cargo. Esta energía ardiente puede volverlo agresivo. No se sorprenda si se encuentra dando órdenes más a menudo que lo normal. El orgullo es otra cualidad de esta Luna, y usted lo manifestará en todo lo que haga.

Un sentido de la aventura puede impulsarlo a intentar algo nuevo. El miedo no lo limitará durante este período. Podría pasarlo bien, especialmente si puede compartir el tiempo con alguien cercano a usted.

El escenario doméstico será cómodo siempre que usted esté al mando, pero no sea demasiado dominante. Hay mucha energía en esta Luna para la diversión familiar. Recuerde que los demás también tienen necesidades emocionales. Su apoyo a los sentimientos ajenos retribuirá apoyo emocional a usted.

Personalidad de la Luna de Sagitario en la Luna de Virgo

La Luna de Virgo es crítica. Puede inspirarlo a disecar el trabajo, la personalidad y la motivación de los demás. Usted examinará sus almas y las disecará para descubrir quiénes son y por qué hacen lo que hacen. Al conducir esta cirugía exploratoria no sólo examinará sus descubrimientos, también es probable que critique lo que ve. En su creencia de que sus juicios son correctos, formará opiniones, basado en sus percepciones, acerca de la apariencia, la actitud y los pensamientos de otras personas.

Es seguro decir que la mayor parte de la gente no apreciará sus análisis y críticas o su habilidad innata para presentar sus opiniones a quemarropa. Tenga cuidado con sus opiniones y su enfoque frente a los demás. Usted entiende las necesidades de sus amigos, y qué tan duro o suave debe ser con ellos. Respete estos límites. Un amigo que ayudó a editar este libro se volvió bastante exigente en la Luna de Virgo. Yo espero que mis amigos me digan lo que piensan, para colocarlo en la línea divisoria. La crítica fue directa, en ocasiones dura y completamente apreciada.

Esta Luna puede ser muy productiva si aplica sus habilidades críticas en sí mismo. Examine su yo interior y cuestione lo que pretende ser. Puede encontrar que es testarudo al intentar esconder de sí mismo los rasgos que siente negativos e inaceptables. Siendo menos crítico de usted mismo, juzgará menos a los demás.

Personalidad de la Luna de Sagitario en la Luna de Libra

Sus habilidades sociales mejoran en esta Luna. También estarán en un plano superior las discusiones con su yo interior. La Luna de Libra es encantadora para su personalidad.

Esta Luna de aire disminuirá su determinación y reducirá su buena voluntad para empezar nuevas cosas o ser impulsivo. Será bien recibido por los demás y podrá convencerlos con su encanto. No estará dispuesto a dejar que la discordia perturbe esta tranquila existencia y pondrá poca energía en cualquier conflicto. Su nivel energético no será afectado, pero no necesitará ser tan extrovertido o apasionado. Una cálida calma se ajustará mejor a usted en esta Luna. Evite su afinidad por la emoción ardiente.

Un período romántico suena prometedor en la Luna de Libra. Su naturaleza apasionada se mezclará bien con el romanticismo de esta Luna. Desde luego, este es un buen tiempo para que mejore su relación consigo mismo. Será muy consciente y estará dispuesto a valorar honestamente lo que ve.

Personalidad de la Luna de Sagitario en la Luna de Escorpión

La Luna de Escorpión traerá intensidad a su personalidad. Serán aumentados todos los rasgos natales relacionados con el compromiso emocional frente a otras personas.

El romance estará en su mente, pero sólo si puede tenerlo a su manera. Quiere que los demás sean flexibles y amorosos y también apoyen sus deseos. Puede esperar que su pareja se conforme —no le tolera nada, ni siquiera su aparente interés por otras personas—. Si su ser amado se concentrara en alguien más, incluso durante un corto tiempo, sus celos estallarían y se sentirían como un rayo.

Fui golpeado por este rayo un par de veces mientras visitaba una novia con Luna de Sagitario. Al igual que dicho fenómeno natural, la reacción de ella surgía rápidamente, sin advertencia y desaparecía retumbando en la distancia.

Usted usará su atractivo y carisma para conseguir lo que quiere. Si eso no funciona puede ser muy duro consigo mismo. Por otro lado, podrían resultar aventuras sexuales predichas si la respuesta de las personas es mejor. En cualquier caso, trate de ser un poco más maduro; de este modo aumentará enormemente su alegría.

Personalidad de la Luna de Sagitario en la Luna de Sagitario

Una cálida casa siempre es un lugar confortable. Usted se ajustará más a su yo natal cuando la Luna esté en Sagitario. Los demás aprecian su sentido del humor y su verdadero interés los hace regresar. Sus habilidades sociales están en su máxima expresión. Aprovéchelas y disfrute de sus amistades.

Su lado aventurero se mostrará, especialmente si la aventura involucra aguas inexploradas. Su sed por nuevas experiencias y más conocimiento siempre lo impulsa hasta sus límites.

La libertad, el amor y la risa serán suyos. No sea descuidado o insensible y todo saldrá bien. Sea feliz y disfrute la vida.

Personalidad de la Luna de Sagitario en la Luna de Capricornio

Esta es la Luna más segura del zodiaco. Capricornio es un signo de tierra bien centrado, y la influencia lunar en él se enfoca en la seguridad en el mundo material y financiero. La seguridad emocional o su carencia, será un derivado de su relación con el mundo material. Si está feliz con su actual estado financiero, probablemente se sentirá más seguro emocionalmente en esta Luna. Por otro lado, si no se siente bien con sus finanzas, muy probablemente se sentirá inseguro de su mundo sentimental. Esta influencia traduce conciencia terrenal en alegría emocional.

Esta es una buena Luna para concentrarse en las cosas en que se encuentra involucrado. Su enfoque en el mejoramiento de su mundo material lo mantendrá en movimiento. No estará satisfecho trabajando por la avaricia de otros o a su costa,

Personalidad de la Luna de Sagitario en la Luna de Acuario

La decepción sentimental podría hacer que cuestione la comodidad con un estilo de vida despreocupado. Su habilidad natal para ser tranquilo y acomodadizo está basada en la suposición de que la vida debe seguir su curso normal, sin intervención. En la Luna de Acuario sus emociones estarán ocultas muy adentro. La vida sin emociones es idealista, y el idealismo es a menudo frecuentemente desplazado en forma violenta por la realidad. Un completo compromiso con todo lo que hace subvertirá la desilusión. Si se propone disfrutar la vida, mejorará su estilo de vida y creará la libertad de ser despreocupado y acomodadizo.

Usted disminuye su habilidad de ser abierto con los demás si reprime sus emociones. La accesibilidad emocional le permite conectarse con otras personas. La gente retrocederá si permite que esta Luna de aire esconda sus emociones detrás de charlas sin sentido. Haga el esfuerzo de estar involucrado emocionalmente.

Intelectualmente, estará bien ubicado en esta Luna. Su ingenio estará a la par de cualquier desafío. El secreto es permitir que los demás lo estimulen mentalmente escuchando muy detalladamente. Esto podría también ser un desafío para usted, pues el aire en esta Luna puede guiarlo a chismear en lugar de conversar.

Personalidad de la Luna de Sagitario en la Luna de Piscis

Lo romántico de la Luna de Piscis, junto con el calor apasionado de la Luna de Sagitario, será una combinación muy compatible, seductora y posiblemente peligrosa. Usted puede encontrarse planeando un fin de semana romántico junto a su pareja en un lugar apartado, por ejemplo una aventura fascinante en una playa desconocida o un novelesco chalet campestre. Este es un tiempo para crear recuerdos inolvidables. He compartido momentos muy románticos bajo la Luna de Piscis.

Viajar por su cuenta o incluso observar la puesta del Sol desde la cubierta de su restaurante preferido, puede producir cambios extraordinarios en su vida. Bajo el hechizo de esta romántica Luna, podría rápida y ciegamente involucrarse en un cálido romance que durará unos cuantos días o tal vez mucho más tiempo. Una vez que se disipa el calor del momento, podrá juzgar su compatibilidad. A pesar de todo, tendrá recuerdos de un tiempo maravillosamente romántico.

Luna de Capricornio
Su perfil lunar
♑

Capricornio es el décimo signo del zodiaco; es femenino, de tierra, y regido por Saturno. «Espíritu práctico» es la clave para esta Luna y se aplica tanto al mundo emocional como al físico. Usted se siente mejor cuando la vida es estructurada y trabaja mejor con pautas y objetivos preestablecidos. Puede organizar cualquier actividad paso a paso que prácticamente garantiza el éxito.

Un sentido del orden en su vida es prerrequisito para autoconfianza y seguridad. Cuando tiene las cosas bien organizadas puede realizar casi todo. Sin embargo, sus emociones no se someterán a tan extrema organización. En realidad, la única forma para que mantenga en orden sus emociones es escondiendo su yo interior de todos, incluyéndose usted mismo. Desafortunadamente, a menudo el resultado es la inseguridad.

Su signo natal es una de las razones por las que su naturaleza práctica opera en oposición a sus emociones. Capricornio está opuesto a Cáncer en el zodiaco. Ya que la Luna está asociada con Cáncer y rige su yo interior emocional, su Luna capricorniana puede influenciarlo a reprimir sus emociones, en lugar de mostrar al mundo su verdadero ser.

Si mantiene bajo fuertes riendas sus emociones para sentirse seguro, los demás lo tomarán por frío e insensible. Será difícil que se conecte con otras personas, pues una verdadera conexión con los demás requiere intimidad, que a su vez es ganada compartiendo emociones. No sólo encontrará dificultad para manifestar sus emociones y compartir sus sentimientos, también criticará a quienes lo hacen. La crítica conduce al juicio, y ésta es a menudo una estrategia para no enfrentar sus temores.

El mejor remedio para la inseguridad emocional es aprender a tratar sus necesidades emocionales y espirituales. Aprenda a admitir cómo se siente acerca de las cosas. Usted es sensible y sus sentimientos pueden ser heridos fácilmente y es más vulnerable si los esconde. Comparta sus sufrimientos y alegrías con los demás, y encontrará menos dolor y más apoyo en sus amistades.

Su intuición puede estimular su seguridad emocional. Es muy probable que considere sus sentimientos y advertencias interiores como temores poco prácticos, en lugar de información instintiva y profunda. Muy adentro sabe que es una persona buena y digna de confianza. También sabe cuándo está en una situación peligrosa o mortal.

Los celosos de su éxito lo describirán como materialista. Realmente, es discriminante en sus gustos. Sus posesiones muestran un cierto estilo y «clase». La paciencia es una de sus numerosas virtudes. Su paciencia resuelta es lo que le permite demorar una compra hasta que esté a la venta al precio que desea pagar. Si no puede encontrar lo que quiere, o no puede hallarlo al precio adecuado, no lo comprará,

Usted es sensible respecto a la vida. Los demás lo buscarán para estructura, consejo y ayuda. Cuando otras personas no pueden realizar un trabajo, puede mostrarles el camino e incluso guiarlos. La ambición es uno de sus factores estimulantes. Trabaja incansablemente para alcanzar cualquier objetivo en el cual tenga una apuesta personal.

INFLUENCIAS SOBRE LA PERSONALIDAD DE LA LUNA DE CAPRICORNIO

Personalidad de la Luna de Capricornio en la Luna de Aries

El fuego de esta Luna liberará sus inhibiciones. Aunque usted es usualmente reservado y controla sus emociones, esta Luna puede encontrar una grieta en su armadura, liberando los deseos que ha estado reteniendo durante tanto tiempo. La espontaneidad emocional puede ser lo que se necesita para cumplir algunas de esas fantasías románticas. Una vez que esta Luna encienda su motor, déjese ir y experimente la vida en el carril rápido.

La primera vez que Jim caminó sobre fuego conmigo, fue bajo la Luna de Aries. Le había ofrecido varias oportunidades para que realizara el ejercicio, pero siempre se rehusaba. No tan misteriosamente, la energía de la Luna ariana lo ayudó a cambiar de idea. Llegó a la caminata de fuego con un brillo en sus ojos, listo a participar completamente.

El calor de esta Luna será extendido. Usted ya es muy práctico y laborioso y este será un período particularmente productivo. Bajo la ardiente influencia de la Luna de Aries podría inclinarse a iniciar nuevos proyectos, correr riesgos, y romper los lazos de la seguridad financiera y económica.

Su genio puede ser intolerable, pero al menos estará más moderado que lo usual. La tranquila Luna de Capricornio no pierde su genio fácilmente. El fuego en esta Luna debilitará las restricciones y aumentará su volatilidad emocional.

Personalidad, de la Luna de Capricornio en la Luna de Tauro

La Luna de Tauro complementa sus cualidades terrenales. Esta influencia traerá a su vida sentimientos de seguridad y estabilidad. Durante este período el materialismo es más predominante. Aumentará su deseo por realizar cosas, pero será reducida su velocidad luego de iniciarlas.

La Luna taureana puede efectivamente influenciarlo a ser un trabajador esforzado y será más productivo al completar los proyectos. Lo más probable es que se asemeje a «un toro en una tienda de porcelanas» si trata de comenzar un nuevo proyecto, pues puede fácilmente frustrarse con los detalles y la gente. La terquedad del toro hará que su genio estalle. Esta es una buena oportunidad para que se relaje y se rodee de belleza. Un lugar maravilloso en la naturaleza es su mejor apuesta. Un monótono cuarto de hotel o un apartamento sombrío serían lugares inadecuados para su relajación, y eso en el mejor de los casos.

No se sorprenda si se siente sexy ahora. Abra su lado erótico y diviértase un poco. Usted es más atrevido que lo usual, y más dispuesto a decir lo que piensa. Sea directo al acercarse a los demás y no le tenga miedo al desconcierto.

Personalidad de la Luna de Capricornio en la Luna de Géminis

Puede estar sintiendo que su personalidad ha sido dividida. Su personalidad básica es de constancia y estabilidad, pero en esta Luna será fácilmente persuadido a cambiar sus planes. No está cómodo con el comportamiento inconstante, lo cual lo llevará a cuestionar sus motivos y a examinarse a sí mismo.

Sus habilidades creativas estarán en la cumbre durante la Luna geminiana. Las restricciones de su enfocado intelecto son removidas por esta influencia. Su esquema estructurado para razonar es transformado y expandido —puede tener en cuenta muchas opciones, incluyendo aquellas que parecen ilógicas y disparatadas—. Su imaginación será reforzada por las extrañas energías de esta Luna.

Aproveche esta oportunidad para observar las situaciones inquietantes de su vida. Esta Luna geminiana le ayudará a ver las cosas desde un punto de vista totalmente diferente. Permanezca abierto a las perspectivas ofrecidas para su examen. Encontrará que hay otras formas de enfocar la vida, diferentes al razonamiento rígido y lógico.

Personalidad de la Luna de Capricornio en la Luna de Cáncer

Esta Luna de agua lo incitará a observar su yo interior. Reconocerá sus necesidades emocionales y precisará las relaciones que están funcionando y las conflictivas. Aunque esto suena simple, usted rara vez está consciente del antifaz que usa. La Luna de Cáncer le permite ver las dificultades que conduce a las relaciones removiendo el antifaz.

Jim se describe a sí mismo como «muy sensible». Encuentro esto especialmente cierto en la Luna canceriana. No me tomó mucho tiempo comprender que era una mala idea tomarle el pelo a Jim durante esta influencia.

La Luna de Cáncer lo ayudará a despojar la sosegada fachada que tan orgullosamente muestra en favor de una mirada incensurable a su verdadero yo. Este puede ser un proceso muy espantoso, pero también es edificante y gratificante. Aproveche esta oportunidad para ampliar sus fronteras. Deje que los demás, especialmente aquellos cercanos a usted, vean la parte de su ser que ha estado oculta profundamente. Si comparte sus pensamientos y sentimientos más internos con su compañero más cercano, el nivel de intimidad será mayor, como nunca antes.

Su desafío es permitirse experimentar la intimidad confiando en otras personas. Esto no sucederá si los demás tienen que esforzarse para que usted lo haga. Esta Luna le dará un punto de partida. Úselo para descubrir la maravillosamente apasionada persona que se esconde detrás de toda esa lógica.

Personalidad de la Luna de Capricornio en la Luna de Leo

El calor de esta Luna de fuego volverá a llevar sus pensamientos a su interior y la forma en que cree que los demás lo perciben. Deseará abrirse a los demás debido a su anhelo de ser visto como un alma edificante, amorosa y humanitaria. Los temores de ser juzgado negativamente lo retendrán. Estos miedos pueden también hacer que tenga un genio más delicado que lo usual.

Aquí usted busca reconocimiento en lugar de intimidad. A la Luna de Leo le gusta ser notada —el reconocimiento positivo es el mejor, pero cualquier otro funcionará—. Cuando prefiera alejarse y no expresar sus sentimientos, el reconocimiento de los demás o ser el centro de atención pueden hacerlo sentir intranquilo. La Luna de Leo le pedirá que manifieste sus emociones.

Después de hablarme acerca de la influencia de la Luna sobre su personalidad básica, Jim decidió hacer una fiesta una noche de Luna de Leo. Llegaron muchos amigos y conocidos. Jim fue repentinamente el centro de atención —contando chistes, riendo y confesando muchas cosas que había hecho y que consideraba absurdas o estúpidas—. Con cada historia se elevaba la energía de la fiesta. La influencia de la Luna ayudó a Jim a conectarse con su propia fuente emocional.

El desorden que usted siente al exponer sus emociones puede ser expresado como ira. Sus influencias lunares capricornianas son muy fuertes —usted sabe dónde yacen exactamente los límites de su zona de bienestar—. La intensa energía de la Luna de Leo lo empujará hasta el borde y lo incitará a saltar.

Personalidad de la Luna de Capricornio en la Luna de Virgo

Esta Luna está de regreso en su zona de bienestar y puede sentirse como retornar a casa después de unas largas vacaciones. La Luna de Virgo es una Luna de tierra que complementa su Luna y lo influencia a que sepulte sus emociones.

Los detalles de la vida lo llaman. Maneje los pormenores que impiden su progreso, especialmente en actividades que tengan un interés particular para usted.

El martirio puede ser una motivación oculta para tratar detalles onerosos. Es difícil que exprese cómo se siente cuando los demás no hacen su parte con honestidad o no están dispuestos a tratar minucias. Usted puede introducirse en un ciclo de venganza pasiva. Es innegablemente conveniente imaginar que si hace el trabajo por sí mismo, los demás no se sentirán mal. Si expresa sus sentimientos con mayor voluntad, fácilmente evitará este ciclo de resentimiento y venganza.

Personalidad de la Luna de Capricornio en la Luna de Libra

Sus emociones no son un libro abierto, pero la examinación del yo interno es una posibilidad real. Las energías libranas lunares lo ayudan a ser menos reservado. Ahora las autovaloraciones serán menos difíciles. Es más probable que se conecte con los demás porque será más compasivo. Su análisis benéfico y su atractivo atraerá a otras personas.

Su lado romántico puede salir a hurtadillas. La Luna de Libra podría ser un gran tiempo para que trabaje en sus relaciones, especialmente las del corazón. No encontrará otra Luna con encanto que sea tan accesible y generosa. Deje que su verdadero yo brille y que sonrían quienes lo rodean. Es difícil decir «no» a mi amigo Jim cuando su carisma le está funcionando. Tiene una forma de conseguir que los demás estén de acuerdo con él.

Personalidad de la Luna de Capricornio en la Luna de Escorpión

Sus habilidades intuitivas y poderes psíquicos serán más intensos. Utilice estos poderes para su mejor provecho. Esto requiere que se abra a sus sentimientos e instintos. Usted es una persona de «mundo real» y esta extraña atracción hacia su naturaleza psíquica lo inquieta. Armonizando con otro «mundo», su entendimiento de los aspectos ocultos de cualquier situación será extremadamente preciso y completo. Esta extensa e infalible habilidad para ver lo que está oculto, también servirá para que vea su yo interno. La verdadera prueba es que confíe en sus «sentimientos».

La Luna de Escorpión es una apasionada Luna de agua. Sus reacciones por ella probablemente serán intensas. La pasión es penetrante y adicta —afecta todos los aspectos de la vida—. Se encontrará atraído por la pasión de esta Luna, especialmente si está involucrado en una relación romántica.

Personalidad de la Luna de Capricornio en la Luna de Sagitario

Esta es una Luna de fuego con una vena muy juguetona. Tómese un par de días libres y disfrute. La diversión y el juego son las dos principales directrices de esta influencia. Suéltese de los lazos mundanos. Podría acostumbrarse a la libertad de un estilo de vida acomodadizo. Una vez asistí a otra caminata de fuego de instrucción bajo una Luna de Sagitario. Observé un carro en el parque de estacionamiento, propiedad de una persona con Luna de Capricornio, que tenía una apropiada etiqueta en el parachoques, «**si no es divertido, no lo haga**».

Una forma de disipar esta diversión es enfocándose en las finanzas. Es fácil que se niegue a sí mismo el placer si está interesado en dinero o trabajo. Permanezca lejos de los patrones que lo mantienen en su zona de bienestar y le niegan los placeres que la vida tiene para ofrecer.

Las energías no refrenadas de esta Luna pueden hacerlo sentir intranquilo cuando se abra a ellas. Esto pasará con el tiempo. Disfrute la libertad de ser la persona que quiere ser, en lugar de aquella que muestra a los demás.

Personalidad de la Luna de Capricornio en la Luna de Capricornio

Esta es una excelente oportunidad para terminar proyectos importantes. La influencia de esta Luna será simplemente intensificar sus rasgos y características emocionales. Probablemente se sentirá bien y estará de buen humor. También será extremadamente productivo. Persiga objetivos y ambiciones de toda la vida.

Esta es la energía lunar de un trabajador obsesivo. Evite completamente aislarse en el trabajo. La hora de recreo es importante incluso para las personas más inteligentes y motivadas. Si se introduce de lleno en su trabajo, esto afectará a las demás personas en su vida. Ellas quieren tener parte en las cosas que usted hace —en sus alegrías y penas—. En esta Luna es importante que involucre a los demás en su vida; se beneficiará de la resultante intimidad.

Personalidad de la Luna de Capricornio en la Luna de Acuario

El efecto de esta Luna en sus respuestas emocionales será impredecible. Habrá momentos en que todo parece bien, pero en ocasiones se decepcionará por expectativas poco realistas. Como con las otras Lunas de aire, será más alocado y se concentrará menos que lo usual. La vida no seguirá su curso normal. Habrá muchas distracciones a lo largo del camino, las cuales harán difícil que se mantenga centrado y conserve su equilibrio. La Luna de Acuario hará surgir sus tendencias idealistas, mientras es atraído por su naturaleza mundana. La investidura emocional en estos ideales lo desequilibrará si no se materializan.

Disminuya su carga, continúe la vida con menos auto-importancia. No tome las cosas con demasiada seriedad. Usted basa sus esfuerzos en objetivos que no pueden ser alcanzados. Persiga metas rápidas y fáciles por ahora, y diviértase.

Personalidad de la Luna de Capricornio en la Luna de Piscis

El ciclo astrológico finaliza con esta Luna y empieza con la siguiente —simbolizando muerte y renacimiento—. Es tiempo de pensar, planear y organizar de nuevo. Desarrolle nuevas estructuras y estrategias después de una cuidadosa consideración de su anterior desempeño. Puede encontrarse alejándose de las filas frontales durante un corto tiempo, mientras alinea otra vez sus esfuerzos para ajustarse a sus nuevos objetivos.

Este es también un buen tiempo para la introspección. No subestime el poder de esta Luna de agua. Puede tomar lo que usted ve como práctico y volcarlo sobre su ser si no está seguro emocionalmente. Mírese muy adentro y use esta Luna para evaluar su realización emocional mientras critica su desempeño profesional. Esta influencia promoverá la auto-aceptación y el amor por sí mismo. Todo lo que necesita es honestidad.

Jim hace una lista de cosas que desea realizar cada mes durante la Luna de Piscis. Él piensa que no consigue hacer nada sin una lista. Cada mes la actualiza, reevalúa las cosas no realizadas y da prioridad a los nuevos desafíos de la vida.

El amor es otra cualidad de esta Luna de agua. Una efusión de emociones es una posibilidad incluso para el bien centrado Capricornio. No se reprima.

Luna de Acuario
Su perfil lunar
〰〰

Acuario es el undécimo signo del zodiaco; es masculino y su regidor es Urano, el planeta de la inspiración y la creatividad. Usted es una persona amigable, aunque encuentra difícil la intimidad, excepto con unas pocas personas. Tiende a ser idealista y se involucra en actividades humanitarias. La libertad es importante. También suele estar atento para proteger la libertad de los demás. Es imaginativo, inventivo, e incluso en ocasiones inspirado.

Su amabilidad innata es una de sus más atractivas características. La gente responde bien a su excepcional habilidad de conectarse con los demás y penetrar en ellos. Convencionalmente no es uno de sus puntos fuertes. Sus realizaciones serán un poco diferentes o fuera de lo normal. Usted es un gran amigo.

El idealismo impregna todas las áreas de su vida. En relaciones amorosas desea el romance de cuento de hadas. Desafortunadamente, el mundo en que vivimos puede ser cínico, haciendo casi inalcanzable el «romance perfecto». Cuando una relación no cumple sus objetivos idealistas, puede empezar a convertirla en amistad. Aunque le interesan las relaciones románticas, piensa que es más fácil tratar con amigos que con amantes, pues se requiere un nivel más bajo de compromiso emocional. Mantiene sus emociones internamente y se rehúsa a exponerse a algo diferente de un romance novelesco.

La pasión es una necesidad absoluta. Algunos astrólogos han dicho que las personalidades de Luna acuariana tienden a ser menos apasionadas en sus relaciones. Esto no es cierto. La amistad es una parte muy importante en una relación amorosa, y en ella es donde concentra su atención. Una vez que considera la amistad un éxito, y se siente seguro para expresar sus emociones, empieza a mostrar una intensa pasión.

El humanitarismo es un enfoque idealista para la vida, y usted se interesa firmemente en él. Establecer grandes objetivos que resultan difíciles de alcanzar es maravillosamente productivo. Usted tiene una forma de conseguir apoyo individual y relacionarse con la comunidad comercial. Estas cualidades originan éxito: logra sus metas, da a los individuos y negocios un sentido de comunidad y trabaja para el mayor bien.

La libertad es de gran importancia para usted. Poder hacer lo que quiere con quien desea es una libertad que usted requiere de cualquier relación amorosa. Esto puede conducir a relaciones muy poco convencionales. También es un gran protector de la libertad de otras personas y lo demuestra en sus relaciones. Mucha gente habla acerca de tener una relación abierta, honesta y libre, pero pocos pueden alcanzarla. Usted no sólo la consigue, también la considera importante para el éxito de dicha unión.

Esta Luna de aire lo hace concentrarse menos que otras Lunas. Las ventajas incluyen una naturaleza menos rígida y más flexible que fomenta la creatividad e imaginación. Usted no deja que las convenciones controlen su vida. Su independencia lo convierte en un misterio para los demás, aunque estas cualidades atraen a otras personas hacia usted. Son atraídos por su naturaleza amigable, carisma y alegría frente a la vida.

Tiene una personalidad amable, pero no deje que los demás vean su verdadero yo, a ellos les gustará lo que ven. Esté abierto a la gente.

INFLUENCIAS SOBRE LA PERSONALIDAD DE LA LUNA DE ACUARIO

Personalidad de la Luna de Acuario en la Luna de Aries

Este signo de fuego es el primero del zodiaco. Tiene el poder de ayudar a iniciar actividades. Se sentirá bien al comenzar un nuevo proyecto y comprometerá la energía emocional necesaria.

Usted puede encontrarse en el borde. Esta ardiente Luna estimulará sus sentimientos. Será menos apático y más adversario. La controversia ocurrirá más frecuentemente si sus emociones son suprimidas adentro. Cualquier cosa que lo moleste o lo perturbe será llevada a la superficie por esta Luna. Si se está escondiendo de sus sentimientos, sea cuidadoso durante esta influencia.

Las restricciones sobre su libertad serán un tema caliente. Nada lo hará estallar como alguien que trate de restringir sus opciones o dictar sus acciones. Si se encuentra encarando una pérdida de libertad, recuerde que siempre tiene el derecho a elegir.

Personalidad de la Luna de Acuario en la Luna de Tauro

Una fuerte Luna de tierra puede tener una profunda influencia sobre sus emociones. Puede sentirse más seguro, lo cual le hará más fácil ser afectuoso. La Luna taureana tendrá esa influencia sobre su personalidad porque fomenta sentimientos de seguridad.

Usted mantendrá fácilmente a los demás a raya. La Luna de Tauro provee una influencia inflexible. No será fácil influenciarlo a cambiar su mente. Tendrá éxito al ayudar a que los demás vean su punto de vista.

Mike es un maestro de obras en construcción. Tuve la oportunidad de pasar un día con él, y me asombré del aparentemente completo cambio de personalidad del trabajo a la casa. En la Luna de Tauro él era inflexible y poderoso en el trabajo, y persuadía a los demás para que adoptaran su punto de vista. Cuando llegamos a la casa fue tan tierno y afectuoso con su familia que apenas lo reconocí.

Este es un buen tiempo para completar cosas ya iniciadas. Una actividad que haya comenzado con la energía de la Luna ariana es un buen blanco para la obstinación y dedicación de la Luna de Tauro.

Personalidad de la Luna de Acuario en la Luna de Géminis

Géminis es una Luna de aire. En esta mutable Luna usted redescubrirá el regalo del cotorreo. Las energías airosas de esta Luna harán surgir su personalidad simpática y habladora. La dualidad de este signo es reflejada en sus emociones. Es probable que le muestre al mundo una persona segura de sí misma, mientras retiene aquella con la que está menos seguro.

Este es un buen tiempo para salir y hablar con las personas. Cualquier formato para interacción personal es apropiado. Disfrute de sus amigos, haga o vaya a una fiesta. Mike, quien tiene una Luna acuariana, llegó a una fiesta en mi casa durante un tránsito de Luna de Géminis. Inmediatamente se convirtió en el centro de atención. Su atractivo innato y su personalidad habladora a menudo hacen de Mike el alma de la fiesta.

Este no es tiempo para hacer compromisos emocionales o de cualquier otro tipo. Será mejor que deje fuera de su lista de cosas por hacer las relaciones intensas. Esta no es la Luna para entrar en relación física con alguien. Cualquier compromiso emocional hecho en este período puede sentirse como una pérdida de libertad.

Las cosas iniciadas en esta Luna típicamente no durarán. El aguante de la Luna de Géminis es casi inexistente. Los asuntos mundanos y emocionales iniciados en esta Luna están destinados a fracasar, a pesar de las mejores intenciones.

Trate de tomar las cosas con menos seriedad. Sus habilidades comunicativas están supercargadas ahora, así que aprovéchelas. Tenga prioridad en sus amigos y familia.

Personalidad de la Luna de Acuario en la Luna de Cáncer

La de Cáncer es una Luna de agua que lo ayudará a observar sus fortalezas y debilidades emocionales. Esta podría ser una Luna bastante cómoda si tiene la voluntad de ser honesto con sus sentimientos. Si se miente a sí mismo, esta influencia le recordará que todo no es olvidado.

Esta Luna ha sido tradicionalmente conocida como la Luna del humor siempre cambiante. En cierta forma su naturaleza airosa aumenta los efectos de esta Luna, pues usted no se enfoca lo suficiente en un sólo esfuerzo. Su humor cambiará cuando su enfoque cambie, y sus emociones responderán a las nuevas circunstancias. Esto puede ser una ventaja, ya que cambiando el engranaje emocional evita estar abrumado.

Habrá ocasiones en que estará totalmente despreocupado, y momentos en los cuales perderá por completo el control de sus emociones. Todo depende de su nivel de auto-conocimiento, además de la intensidad de las emociones reprimidas. La Luna de Cáncer puede ser muy cómoda. Todo lo que necesita es disposición para expresar sus sentimientos. A medida que maneje mejor sus emociones, decrecerá la influencia de la Luna de Cáncer.

Personalidad de la Luna de Acuario en la Luna de Leo

Este signo de fuego enfocará su atención en sí mismo y la imagen que ofrece a los demás. Deseará que sus actos sean notados, y será más extrovertido para lograr ese objetivo. Sus necesidades emocionales no serán la prioridad en esta Luna; sin embargo, si su deseo de reconocimiento no está siendo cumplido, rápidamente se volverá sentimental. Puede usar esas emociones para persuadir a los demás para que reconozcan sus logros.

Como maestro general de obras de una compañía constructora, parte del trabajo de Mike es presionar y tratar con los otros contratistas para crear oportunidades en favor de su personal. Él es muy bueno en dicha labor. En una Luna de Leo, Mike es insuperable al manejar el equilibrio correcto de influencia personal y agresividad.

Su personalidad será reforzada por el calor de esta Luna. Aunque usted es muy atractivo y elocuente durante esta Luna, su personalidad brillará aún más. Se beneficiará si usa estas cualidades para seguir objetivos firmemente establecidos.

La Luna de Leo es su opuesto en el zodiaco y tendrá tendencia a desafiarlo. En ocasiones le será difícil evitar que esta Luna lo arrastre. Sus ardientes influencias deberían ayudar a combatir estos efectos adicionando energía. El lado negativo podría ser una mayor tendencia a la ira. Tenga el cuidado de ser positivo y disfrute del Sol.

Personalidad de la Luna de Acuario en la Luna de Virgo

Esta Luna le pedirá que observe los detalles de la vida. Esto riñe con su naturaleza airosa, que no es conductiva al trabajo detallado durante largos períodos de tiempo. Esta Luna le ayudará en algunos recuerdos. La Luna de Virgo le dará el empuje emocional que necesita para darse cuenta de los detalles; sin embargo, puede encontrar que este nuevo deseo es de breve duración. Si es forzado a examinar todas sus acciones y emociones, puede resultarle frustrante. Puede sentir una pérdida de libertad personal si los demás lo examinan, critican, o lo hacen víctima de chismes.

Evite forjar nuevas relaciones. No aceptará fácilmente el examen, y puede encontrar difícil no criticar a los demás. Si se encuentra en una situación que requiere análisis detallado, no podría elegir una mejor Luna para dicha tarea.

La mejor forma en que puede usar esta Luna es concentrándose en sí mismo. Los poderes analíticos de la Luna de Virgo mejorarán la auto-examinación. No sea tan duro consigo mismo; recuerde el refrán acerca de no juzgar al bosque por los árboles.

Personalidad de la Luna de Acuario en la Luna de Libra

En muchas formas esta Luna de aire le será muy cómoda. Enfatiza la comunicación e interacción con los demás, y en esto usted es bien versado y muy relajado.

La tranquilidad emocional de esta Luna es conducente a una honesta auto-valoración, lo cual aumenta su habilidad y disposición para manifestar su verdadero yo a los demás. En principio puede estar incómodo, pero tendrá un sentido de seguridad que le permitirá explorar su mundo interior.

Estos factores favorables —tranquilidad y seguridad emocional— junto con sus habilidades comunicativas, se sumarán al encanto, la sinceridad y el sentimiento romántico de sus relaciones. Si permite que los demás vean sus verdaderas emociones, se hará querer por ellos. Probablemente lo describirán como amable, humanitario, y en contacto con sí mismo.

Un día Mike me pidió que nos encontráramos para tomar cerveza después del trabajo. A medio camino en nuestro Hefeweizen, Mike me agradeció por insistir que él estaría mejor si fuese honesto respecto a sus sentimientos con su esposa, sin importar lo que creía que ella podría pensar. Mike dijo que comunicar sus sentimientos a su esposa Karen los unió aún más.

No encontrará una Luna más segura para trabajar en sí mismo o en sus principales relaciones. Aproveche esta oportunidad para explorar y compartir sus sentimientos. Mejorará su relación consigo mismo mejorando la calidad de sus relaciones.

Personalidad de la Luna de Acuario en la Luna de Escorpión

La Luna de Escorpión traerá pasión a su vida. Puede aumentar su capacidad para confiar en sus habilidades psíquicas. La Luna de Escorpión intensificará cualquier asunto emocional.

Esta Luna no tiene consideración por su capacidad de separarse. Lo forzará a oír el llamado de la persona interior. Cualquier emoción que escape de la esclavitud a largo plazo, lo afectará enormemente. Esta liberación al final será un paso en una dirección positiva, pero la respuesta inmediata a la libertad emocional puede sentirse negativa. Ya que muy pocas personas esconden emociones alegres, probablemente las liberadas son negativas. Karen dijo que desde que Mike aprendió a abrirse con ella, sus caídas emocionales se han vuelto menos intensas y menos frecuentes.

La intensidad de esta Luna afectará sus relaciones. La apasionada energía de la Luna de Escorpión afecta penetrantemente todas las áreas de su vida. Esta influencia aumentará sus sentimientos de amor y adoración por su pareja y su deseo físico.

Su capacidad para separarse hábilmente de sus sentimientos no hará juego con la influencia directa y apasionada de esta Luna. Suspirará por lo que previamente anhelaba, y codiciará lo que anteriormente deseaba, Cada emoción aumentará en magnitud.

Personalidad de la Luna de Acuario en la Luna de Sagitario

En esta casual y cálida Luna se sentirá bien. Las amistades florecerán bajo la apasionada Luna de Sagitario.

Su imaginación será mejorada y sus vuelos de fantasía serán divertidos. La Luna sagitariana es típicamente alegre. Aproveche esto para descomprimirse de las tensiones de la vida diaria.

Su necesidad de independencia será tan grande como siempre, pero rara vez causará conflicto. La Luna de Sagitario influencia a todos en diferentes grados. Otro aspecto positivo de esta Luna es su fe en el proceso de la vida. Si siente que está fluyendo en las corrientes de la vida, y sabe que todos los ríos finalmente llegan al océano, reuniéndose con la Gran Madre, usted puede estar seguro de su independencia y tener confianza en sí mismo. Se siente bien dejarse ir y confiar en que llegará a su destino.

El amor está en el aire. En compañía de la persona adecuada, es posible un período romántico. Usualmente usted no está interesado en una apasionada relación amorosa. Por otro lado, esta cálida y romántica Luna podría suministrar la chispa que transforme una inicial atracción fortuita en una relación de compromiso. Muestre algo de interés y estará agradablemente sorprendido por la respuesta de la otra persona.

Dos veces al mes, Mike y Karen planean un tiempo solos. Han escogido sabiamente las Lunas de Sagitario y Piscis para sus citas. Como resultado de sus «retiros» íntimos, encuentran que usarán cualquier excusa para pasar más tiempo juntos. Una vez llegaron tan lejos que haciéndose los enfermos llamaron al trabajo para poder visitar un balneario cercano, donde compartieron una sauna, una tina caliente y un masaje.

Personalidad de la Luna de Acuario en la Luna de Capricornio

Los siguientes días podrían representar un período muy solemne para usted. La intensidad emocional de su Luna será aumentada por la Luna de Capricornio, pero con una inclinación ligeramente diferente. Puede encontrar que la Luna capricorniana lo orienta hacia el mundo material.

Casi todas las personas que conozco han trabajado en asuntos financieros personales durante esta Luna. Usted será atraído por actividades estructuradas; se sentirá más disciplinado. Estos rasgos son especialmente predominantes cuando sus objetivos están basados en el deseo personal. Esta podría ser una influencia muy productiva y no emocional si está personalmente interesado en los frutos de sus esfuerzos.

Este no es un buen tiempo para trabajar en las relaciones. La tendencia a esconder las emociones es solamente aumentada por la Luna de Capricornio. La seguridad de toda clase, incluyendo la sentimental y financiera, será el enfoque principal. La seguridad emocional es instintiva.

Personalidad de la Luna de Acuario en la Luna de Acuario

Este es su signo lunar natal. La incertidumbre inherente en su signo de aire será aumentada. Las tendencias idealistas emergerán en sus decisiones. Puede fijar su corazón en un resultado basado en la percepción equivocada de que vivimos en un mundo perfecto. Este mundo siempre cambiante tiene almacenado para usted su cuota de sorpresas alegres y decepciones impactantes.

Usted es un pensador independiente con buena imaginación. Estas cualidades natales son intensificadas por la Luna acuariana. Su capacidad y disposición para escuchar sus instintos y su intuición puede originar mucho éxito. Sus ideas serán juzgadas como poco convencionales por algunas personas, pues usa su intuición para ver el otro lado de la situación. El peligro radica en permitir que el idealismo cambie el resultado. Tenga cuidado de moderar sus sentimientos con una mirada realista de las circunstancias.

Personalidad de la Luna de Acuario en la Luna de Piscis

En la Luna de Piscis podrá reponerse y asimilar el viaje emocional de un mes que acaba de terminar. Esta Luna de agua puede ser sensiblera. Mirará hacia atrás a los buenos tiempos que podrían haber sido y a los que fueron, y desea más. Todo este sentimentalismo disminuye si experimenta emociones. La emoción oculta se torna sentimentalmente en remordimiento.

La Luna de Piscis es muy romántica. Durante los siguientes días tendrá una oportunidad para conectarse profundamente con su pareja. Esté abierto a sus sentimientos y experimente la verdadera alegría. No espere que la otra persona sepa lo que usted siente. Dígale cómo se encuentra y disfrute la intimidad de una reflexión emocional honesta.

Este es un período difícil para hacer una venta de garaje. Para mí es casi imposible renunciar a mis cosas preferidas en esta sentimental Luna.

Luna de Piscis
Su perfil lunar
♓

Piscis es el último signo del zodiaco; es un signo femenino, de agua y cogobernado por los planetas Júpiter y Neptuno. La Luna en Piscis le da habilidades intuitivas extremadamente fuertes. Usted es también emocionalmente sensible. La creatividad y un ojo artístico son sus grandes beneficios.

Usted es muy intuitivo y puede ser fácilmente influenciado por las respuestas emocionales de otras personas. Su empatía por los problemas y dificultades de los demás puede sobrecargarlo. Esta habilidad puede ser una gran fortaleza cuando la use sabiamente y la mantenga bajo su control. Si se expone excesivamente a emociones negativas, tal vez necesite buscar la soledad para protegerse. Puede estar indefenso frente a un ataque de presión psicológica de otras personas. Sea siempre consciente del grado al cual está abierto hacia el mundo exterior.

En este tiempo de la vida, probablemente ha aprendido a confiar en sus instintos. La información instintiva es bastante precisa si es receptivo a la verdad. Muchas veces la información recogida de fuentes intuitivas es formada por los deseos.

Usted es extremadamente sensible y lleva al corazón las opiniones de los demás. Esto hace que sea fácilmente influenciado y susceptible a la manipulación de otras personas. También suele ser el primero en llorar en las películas y los desastres informados en las noticias de la noche pueden dejarlo turbado.

Es realmente un romántico desesperado. La sensibilidad emocional le permite ser más receptivo a las palabras y a los actos de los demás —«siente» más profundamente que los otros signos lunares—. Este magno nivel de percepción sensorial es confuso, especialmente en una situación romántica. Es muy importante observar con gran honestidad esta persona o probable relación. Usted puede ser idealista y si vive mucho tiempo en este mundo de sueños, tal vez se engañe a sí mismo respecto al mundo real.

Aproveche sus habilidades intuitivas. Escuche su voz interior cuando conozca a alguien. Su primera impresión probablemente será precisa. Conversando, su voz interior le habla acerca de la integridad de esa persona.

La compasión es muy fuerte en usted. Esta es una maravillosa cualidad, pero debe tener cuidado de que los demás no se aprovechen de su naturaleza compasiva. Una historia sincera podría persuadirlo cuando no lo hagan los medios lógicos.

La espiritualidad es otra de sus admirables cualidades. La sensibilidad emocional fácilmente lo conecta con su espíritu. Esta conexión es demostrada a través de su intuición. La compasión también juega un gran papel en su espiritualidad. Todas estas cualidades son utilizadas por medio de su buena voluntad para cuidar y ayudar a los demás. De esta forma sus creencias idealistas son de gran beneficio. Si el mundo pudiera ser formado en la imagen perfecta de sueños idealistas, entonces usted sería un verdadero profeta.

INFLUENCIAS SOBRE LA PERSONALIDAD
DE LA LUNA DE PISCIS

Personalidad de la Luna de Piscis en la Luna de Aries

En esta Luna de fuego tendrá más control sobre sus emociones. Las fuertes influencias que recibe de la Luna ariana engendran una gran independencia. Esto, junto con el sentimiento de independencia que recibe de su intuición, promueve un sentido de libertad y auto-dependencia.

Puede encontrarse atraído por un desafío durante esta Luna, o tal vez se aburra con actividades reglamentadas. Comience a exigir y desafiar proyectos que requieran un firme compromiso. Usted está energizado emocionalmente y mejor equipado para tratar compromisos y dificultades sentimentales.

Sus energías románticas son intensificadas. Es más fácil su relación con su pareja, especialmente en el tema del amorío. Quienes más le atraen en esta Luna, probablemente serán los más difíciles de capturar. Su pareja podría mantener indivisible su atención, fingiéndole ser una persona reservada y desinteresada. Observe detalladamente sus necesidades y trate de no dejarse llevar por la cacería de algo o alguien que sólo persigue el desafío.

Personalidad de la Luna de Piscis en la Luna de Tauro

La Luna de Tauro es probablemente la más centrada para la personalidad de la Luna de Piscis. Dicha influencia adicionará estabilidad terrenal a sus emociones. Usted está propenso a sentirse más seguro en todos los aspectos de su vida, especialmente en sus relaciones. La seguridad emocional origina una segura oportunidad para examinar y tratar asuntos que de otra manera serían cargados sentimentalmente. Es menos probable que tenga heridos sus sentimientos. El trabajo emocional es más seguro cuando es bajo el riesgo de daño.

Sabrina es una intuitiva consejera y amiga. A través de una conexión intuitiva, intensificada por la Luna de Piscis, su entendimiento de los sentimientos de otra persona es claro y útil. En la Luna taureana, Sabrina puede manejar todo lo que le diga. Gran parte de la información proviene de la intuición —ella «siente» lo que siento—. En otras Lunas, es más probable que Sabrina derrame lágrimas conmigo.

La Luna de Tauro no es un período para iniciar y terminar algo que dependa de un destello de intensa energía. Esta Luna es lenta y metódica. Las cosas empezadas ahora serán duraderas e influyentes en su vida. Use esto a su favor adoptando nuevas y deseables costumbres. Solamente inicie lo que quiere que se vuelva habitual.

Este es un buen tiempo para que converse con su pareja. Deseará cercanía y afecto. Aproveche esta posibilidad de intimidad. Un acogedor anochecer en un tranquilo jardín a la luz de la Luna hará maravillas en su vida amorosa.

Personalidad de la Luna de Piscis en la Luna de Géminis

La personalidad dividida de la Luna de Géminis hará que usted experimente una mayor separación entre su yo interior y su yo exterior. En otras palabras, puede querer ocultar sus emociones y promover una imagen basada en el ego. Esta división en su personalidad puede volverse muy interesante. Será una buena oportunidad para que examine lo que elige esconder de los demás. Estas son las cosas que el ego trata de proteger.

La comunicación tomará una nueva importancia. Podrá encontrarse muy interesado en lo que otras personas tienen que decir. Este sentimiento será intensificado adicionalmente por su intuición, pues la usa para juzgar la integridad de un individuo.

Un inconveniente de esta Luna es la incapacidad para mantenerse enfocado en un tema dado durante un extenso período de tiempo. Las airosas influencias de la Luna de Géminis harán que usted sea alocado en sus pensamientos y emociones. No se sorprenda si considera un cambio de dirección o una nueva ubicación de los muebles.

Personalidad de la Luna de Piscis en la Luna de Cáncer

Esta Luna de agua es cómoda para la personalidad de la Luna de Piscis. La Luna canceriana intensificará su destreza intuitiva.

Podría sentirse fuerte emocionalmente. El sentimiento doméstico de esta Luna aumentará un sentido de seguridad y proveerá una oportunidad de mirar hacia el interior y precisar dificultades emocionales. Los sensibles sentimientos indican asuntos sin resolver. Baje sus defensas para examinar la fuente de sus inseguridades.

Utilice su intuición al tratar con los demás. Esta Luna lo hará armonizar con otras personas a un nivel inusualmente intenso. Usted nutrirá a las personas más cercanas a su vida. Esto resultará de un profundo entendimiento instintivo de sus necesidades emocionales. Tales mensajes estarán siempre presentes, pero tal vez no siempre esté abierto a ellos. Esta Luna reduce las barreras y le permite lograr una conexión intuitiva.

Sabrina es muy abierta durante la Luna de Cáncer. Entiende la historia que relato, incluso cuando no soy muy claro. En esta Luna ella frecuentemente se involucra sentimentalmente en mi historia; se conecta empáticamente conmigo y «siente» lo que yo siento.

Personalidad de la Luna de Piscis en la Luna de Leo

Esta Luna de fuego forjará la fuerza de la confianza personal. Sus emociones serán controladas. Será más seguro de sí mismo y tendrá el control, debido en parte a su disminuida dependencia de los demás. Aunque las relaciones con otras personas son muy importantes, se enfocará en sus propias necesidades. Una mayor autoconciencia, una sensación de seguridad y tensiones emocionales reducidas, originan la confianza personal y el control sobre su vida.

Puede querer jactarse de sus logros. Esto no debe ser muy sorprendente, porque las energías del león le harán sentir que merece ser el centro de la atención. Un amigo, Bill, tiene una Luna de Piscis. Usualmente le gusta vanagloriarse de sus logros, incluso los que son producto de la suerte, durante una Luna de Leo.

No huya del amor. Esta es una gran Luna para reencender las llamas del romance en su relación. Muéstrele a su pareja la ardiente pasión de Leo y estará complacido con los resultados. La relación será satisfactoria porque su ser amado reflejará lo que recibe de usted. Si se siente seguro con sus emociones, su pareja también se sentirá así. Sus sentimientos románticos darán pasión a su pareja y a la relación amorosa que comparten. Sin embargo, este no es un buen tiempo para iniciar un nuevo romance en su vida, si espera que dure. La ardiente energía de la Luna de Leo hace difíciles las relaciones personales duraderas.

Personalidad de la Luna de Piscis en la Luna de Virgo

Esta podría ser una pesada Luna para usted porque Virgo está opuesto a su signo natal Piscis. Puede sentirse lento y agotado. La de Virgo es una Luna de tierra que ayuda a cimentar sus depósitos de energía. Con los niveles energéticos asentados, sus emociones podrían agitarse. Tenga cuidado con sus respuestas a los estímulos externos. Es difícil que conserve sus escudos si se siente agotado. («Escudos» se refiere al proceso de rodearse con luz blanca como un obstáculo o escudo contra energías inaceptables o incompatibles de otras personas.)

Esta Luna puede influenciarlo a ser concreto en casi todo y puede hacer que sea orientado a los detalles. Sus facultades críticas pueden crear momentos difíciles en las relaciones; sin embargo, es más fácil lograr el auto-análisis. No será tan fácilmente movido por la verdad, sea buena o mala. Como resultado, puede aceptar y entender la realidad.

Si tiene que desarrollar una tarea detallada o necesita ser crítico, esta Luna será un tiempo maravilloso para realizar sus objetivos. La naturaleza «melindrosa» de Virgo lo apoyará y motivará en estas tareas.

Personalidad de la Luna de Piscis en la Luna de Libra

«Encanto» y «personalidad» son las palabras claves de esta Luna. Libra es un signo de aire que lo hará hablar con todo el mundo. Su intuición natural le dará la perspicacia para discernir el verdadero mensaje de los demás, mientras su atractivo e ingenio los desarma. Este es un gran período para promover una relación.

La Luna de Libra es notoria por su incapacidad para tomar decisiones. Por esta razón, puede encontrar difícil la espontaneidad. Una vez que alguien más ha establecido el rumbo, usted no tendrá problema en seguirlo. Cuando estamos juntos Bill y yo surge un problema y ninguno puede decidir qué hacer o a dónde ir. En una Luna de Libra hay muchas elecciones y demasiado tiempo —somos inútiles—.

La Luna de Libra tendrá un efecto bastante romántico sobre usted. De cualquier modo, es una persona muy romántica, y esta influencia intensificará dicho rasgo y aumentará una buena dosis de carisma para hacer que las cosas realmente funcionen. Haga un viaje de fin de semana a un lugar romántico de su preferencia y trabaje en su relación amorosa (pero planee estas vacaciones en la Luna de Tauro).

Ahora mismo usted es extremadamente auto-consciente. Medite sobre sus fortalezas y debilidades internas. Enfocándose en los momentos de tensión emocional precisará el verdadero problema.

Personalidad de la Luna de Piscis en la Luna de Escorpión

La Luna de Escorpión es una intensa Luna de agua, aunque usted se sentirá casi tan contento como en su Luna natal. La diferencia será la pasión. La Luna de Escorpión resaltará ese magnetismo seductor que a veces está oculto. No pasará desapercibido. Tendrá la completa atención de su pareja.

Parte de esta atracción es causada por su aumentada habilidad intuitiva. La capacidad de sentir las necesidades de otra persona puede ser una cualidad atractiva si la usa a su favor. Es útil que use su conocimiento instintivo cuando esté extrayendo el verdadero significado de las palabras habladas. A veces a las personas les cuesta decir lo que piensan, o se avergüenzan demasiado al hablar íntimamente.

Observe sus fuertes reacciones a situaciones emocionales en la Luna de Escorpión. La intensidad es una marca de fábrica de Escorpión. Las emociones serán más marcadas que lo usual, lo cual crea una oportunidad para identificar dificultades sentimentales. Será más fácil que distinga diferencias sutiles en sus sentimientos y posiblemente alivie alguna confusión.

Personalidad de la Luna de Piscis en la Luna de Sagitario

Esta es una Luna de fuego congenial. No experimentará mucha preocupación durante este período. En lugar de eso, tiene una oportunidad para disfrutar de sí mismo. Relájese, haga lo que siempre golpea su imaginación. Realice una fiesta o búsquela. Reúnase con amigos y pásela bien.

Un sentido de conexión con el flujo natural de las cosas es importante. Usted no tiene la fortaleza de oponerse al sistema durante la Luna de Sagitario. Lo mejor es seguir la dirección general en la cual la vida lo guía. Siempre tiene opciones —ahora mismo lo más fácil es sentarse y dejar que la vida siga su curso—.

Puede sentirse incómodo en animadas situaciones en grupo. Aunque esta Luna hará surgir el ser extrovertido que está oculto profundamente en su interior, puede sentirse incómodo. Usted se ve a sí mismo como una persona enfocada interiormente. Trate de dejarse ir; será el alma de la fiesta si se libera.

Personalidad de la Luna de Piscis en la Luna de Capricornio

Seguridad material, estructura y asuntos prácticos serán su enfoque en esta Luna. Si ya tiene un estilo de vida seguro, probablemente se sentirá cómodo; si no es así, podrá sentirse muy mal con facilidad. Sea activo al seguir sus objetivos en el hogar y sus finanzas personales.

Este no es el mejor período para un intervalo romántico. Puede sentirse demasiado calculador para poder desarrollar pasión espontánea e intimidad. Sin embargo, si le emociona trabajar en planes financieros y prepararse para su retiro, esta Luna será estimulante.

Valdrá la pena fijar una estructura para luego construir sobre ella. Trabaje los detalles de mejoramiento de la casa, o diseñe el jardín de este año. Cualquier actividad que agregue valor adentro o alrededor de la casa, promoverá seguridad.

Sea cuidadoso con los encuentros emocionales. Su excepcional sentido de separación puede no dejar la mejor impresión en principio. La naturaleza terrenal de esta Luna le hará difícil conectarse intuitivamente con otras personas; por consiguiente, es más fácil confundir deseos con mensajes instintivos.

Personalidad de la Luna de Piscis en la Luna de Acuario

Esta Luna de aire aumentará sus habilidades mentales y lo dejará incapaz de comunicarse emocionalmente. Atraerá la atención a sí mismo con agilidad mental y destreza conversacional. No tendrá problema alguno para socializar en una fiesta. Podrá fácilmente moverse de conversación en conversación, pero no espere hacer profundas relaciones sentimentales. Las emociones acuarianas están bien cubiertas, y sólo unos pocos lograrán vislumbrarlas. Esto no significa que tiene que ceder, sólo sea consciente de la dificultad que tienen los demás para ver su verdadero yo.

También puede ser difícil que usted mismo observe su yo interior. La Luna de Acuario se caracteriza por esconder las emociones del mundo, pero es mejor aún ocultándoselas a usted. Esto puede ser difícil, pues no está acostumbrado a estar aislado de sus emociones.

Use a su favor este período de separación emocional. Una situación difícil puede ser abordada con relativa seguridad. Esto es especialmente útil cuando sus anteriores herramientas han sido la tardanza y la evitación.

Esto no significa que estará libre de emoción. Ampliará la posibilidad de entrar en contacto con sus sentimientos. Esta Luna le ayudará a apartarlos por ahora. Las emociones que ignora surgirán de nuevo durante la Luna de Piscis.

Personalidad de la Luna de Piscis en la Luna de Piscis

Su natal Luna de agua le hará sentir que sus emociones regresan a la «normalidad». Su intuición está operando bien y sus sentimientos fluyen suavemente. Hágase un reconocimiento emocional.

Tome tiempo para su pareja. La Luna de Piscis es el período perfecto para el romance. Es el tiempo ideal para momentos íntimos, tales como abrazarse frente a un fuego o hablar tranquilamente bajo la Luna llena. Si va a viajar, no se preocupe por las finanzas. Esta influencia no acentúa naturalmente el mundo material. Después de todo, lo romántico siempre es más divertido que el sentido práctico.

Ya que los asuntos prácticos pueden estar fuera de su alcance durante los siguientes tres días, concéntrese en la intuición. Habrá muchas cosas que simplemente «sabe». No es necesario explicar la fuente de este conocimiento, sólo confíe en él. Sea consciente y receptivo a las impresiones psíquicas, y sea lo suficientemente honesto consigo mismo para discernir la diferencia entre instinto y deseo.

La clave para la felicidad

La intensidad de la influencia de la Luna sobre nosotros varía. La fase lunar determina la fuerza de su acción en nuestras vidas, mientras los doce signos del zodiaco determinan su amplitud.

Para nuestros propósitos, las tres fases lunares son la Luna creciente, la Luna menguante y la Luna oscura. Las doce Lunas carentes de curso también serán discutidas en general. Use la información de este capítulo como una guía para desarrollar soluciones enérgicas a los efectos de cada Luna.

LUNA CRECIENTE

La Luna nueva es un tiempo para reconocer los comienzos en la vida. Iniciar una actividad en la Luna nueva y aferrarse a ella a través de la Luna llena puede crear la práctica vitalicia de usar la energía creciente de la Luna.

Una amiga mía creó exitosamente el hábito del ejercicio usando la energía creciente de la Luna como ayuda. En lugar de la dieta, eligió iniciar nuevas costumbres alimenticias comprando alimentos saludables. Como resultado, pudo perder peso y mantenerlo estable.

Las crecientes y positivas energías de este período son particularmente conducentes a mejoramientos, reparaciones y crecimiento. La transformación de la Luna de una astilla plateada a un orbe lleno y brillante, nos recuerda nuestro crecimiento y deseo de mejorar.

Cientos de actividades coinciden con las crecientes energías lunares. Use estos ejemplos para identificar actividades apropiadas: Iniciar o continuar un programa de ejercicios; pintar la casa; reparar el carro; saldar la chequera; hacer una compra importante, por ejemplo un carro; planear unas vacaciones; seguir unas vacaciones activas y llenas de diversión; hacer una fiesta; trabajar en una relación importante; experimentar con nuevas cosas, ideas o recetas; leer un libro favorito; participar en pasatiempos; ser creativo y artístico; pedir a alguien una cita por primera vez; escribir un libro; escoger una mascota; o tratar de quedar embarazada.

Como puede ver, el tema general de la Luna creciente es nacimiento y crecimiento —el inicio de experiencias nuevas y emocionantes y la continuación de cosas previamente iniciadas—.

LUNA MENGUANTE

Así como la Luna nueva es un tiempo para comienzos, la Luna llena es un período para terminaciones. Cuando la Luna cambia de llena a oscura, su efecto sobre la naturaleza es diferente, transformándose de una fuerza creciente, progresiva, a una agonizante y en retiro. Para que reciba ayuda en el abandono de un mal hábito, o en la finalización de un proyecto, comience el proceso en la Luna llena y avance hasta la terminación mientras la Luna mengua.

Mientras agregaba ejercicio y una dieta adecuada a su vida, mi amiga también dejó de fumar. Paró su vicio en la Luna llena y dejó morir sus impulsos cuando la Luna menguó.

Lo mejor es alinear con la Luna menguante tareas que requieran un decrecimiento o abandono. La Luna menguante, que empieza como Luna llena, decrece hasta convertirse en una astilla, justo antes de desaparecer completamente. Es un brillante retrato de la decadencia vista en el proceso de muerte.

De nuevo, cientos de actividades se alinean naturalmente con las decadentes energías de la Luna menguante, incluyendo las siguientes: Iniciar o continuar una dieta; limpiar la casa; hacer una venta de garaje; cortar el césped; cosechar cultivos de jardín; escribir una última voluntad y un testamento; vender un carro, una casa o cualquier cosa de valor; renunciar a un trabajo; visitar al estilista para un corte de cabello; limpiar los armarios; dejar de fumar o beber; reducir el estrés; o pagar recibos.

La actividad que requiera una decadencia o muerte de cualquier naturaleza, se ajusta bien a la Luna menguante. Cuando suspendemos un viejo hábito, lo matamos. Una vez que está muerto e ido, hay espacio para algo nuevo. Es común desarrollar una nueva costumbre cuando se ha renunciado a una antigua. Queda un vacío por las cosas que abandonamos. Es beneficioso y muy eficaz, reemplazar un antiguo mal hábito con uno nuevo y bueno, llenando de este modo el vacío. Elimine un antiguo mal hábito en la Luna menguante comenzando algo maravilloso en la Luna creciente.

LUNA OSCURA

Los pocos días entre la última astilla de la Luna menguante y la primera de la Luna creciente, se conoce como la Luna oscura. Señala un tiempo de regeneración y renovación. La oscuridad es una indicación de que toda vida debe morir.

La muerte es común en todas las cosas. Cada actividad, trabajo o cosa muere al final de su ciclo. El proceso de leer un libro muere cuando éste se termina; un trabajo muere cuando lo dejamos; y los objetos mueren cuando están usados o rotos. He llorado finalizando un buen libro, de la misma forma que lo he hecho renunciando a un trabajo.

Después de dos semanas de concentrado esfuerzo en la terminación de algo, aproveche la oportunidad para llorar lo que ha muerto y recuperarse de su pérdida. La Luna oscura es un tiempo para mirarnos interiormente. Valore lo que ha sucedido y cómo fue manejada la situación.

Alguien que camina sobre fuego nos da un buen consejo. Cuando un aspecto de la vida finaliza, dele una misa de difuntos; experimente su muerte. Después de recibir un anuncio impersonal de boda de un anterior enamorado, mi amiga llevó un recuerdo de su relación con él hasta la playa. Meditó con dicho recuerdo, dijo adiós a su antigua relación y lo tiró al océano.

Un ritual de muerte provee la oportunidad de liberar lo que ha sido terminado y empezar el proceso de lamentación. Esto es útil siguiendo la muerte de algo, pero especialmente al finalizar relaciones. La disposición de permitir que la relación muera origina llanto y curación.

LUNA CARENTE DE CURSO

Esta fase del ciclo regular de la Luna no es conducente a algo productivo o beneficioso, excepto juego y relajación. Ya que las energías lunares no están siendo «filtradas» a través de una de las doce posiciones del zodiaco, dichas fuerzas son aleatorias y, por consiguiente, inútiles. Lo mejor que se puede hacer durante una Luna carente de curso es evitar compromisos, situaciones intensas y la necesidad de tomar decisiones. Si son necesarias estas últimas, la siguiente mejor elección es seguir una dirección previamente establecida. La Luna carente de curso típicamente no dura más de unas pocas horas, y no debería ser más que una molestia.

Hay doce Lunas carentes de curso, pero las trataremos como si fueran una. La diferencia en sus efectos sobre nosotros es insignificante. Las Lunas carentes de curso actúan como un espacio entre los signos lunares, en los cuales las energías de la Luna son aleatorias e impredecibles. A menudo la Luna carente de curso tomará las características del signo siguiente, antes de realmente entrar en él.

Es importante empalmar las energías lunares con la tarea. Cuando la Luna es creciente, las tareas a la mano deberían ser las que requieren nueva y creciente energía. Los objetivos que necesitan un decrecimiento de energía son dejados mejor para la Luna menguante.

Por supuesto, es posible realizar cosas que no estén en sincronismo con las fases lunares; sin embargo, los cambios son más fácilmente conseguidos de acuerdo con las energías lunares y no en conflicto con ellas.

LUNAS DEL ZODIACO

Los doce signos zodiacales son únicos en sus características e influencias. Cuando la Luna pasa a través de los signos toma la energía de cada uno de ellos, lo cual a su vez afecta personalidades y emociones. Ya que todos somos diferentes, el efecto de una Luna en particular variará.

QUÉ HACER EN UNA LUNA DE ARIES

Comience nuevos proyectos que puedan ser terminados rápidamente. Las actividades iniciadas en esta Luna no tienen mucho aguante, y usualmente serán abandonadas en el futuro próximo. Ofrézcase de voluntario durante un tiempo a grupos ambientalistas locales. Ellos apreciarán su ayuda por su fresco entusiasmo.

Ensaye nuevas recetas si requieren ser cocidas u horneadas. Deje las comidas frías para otro período. Deshidrate frutas para el próximo invierno. Este es un buen tiempo para perder un poco de peso rápidamente, pero no planee esto como una pérdida permanente. Ejercicio, ejercicio y ejercicio —toda esta energía de fuego debería ser usada para algo—.

Cobre viejas deudas, siempre que no sean de amigos. Los esfuerzos de recaudación en esta Luna serán enérgicos, posiblemente severos. Ahora es apropiada la especulación en propiedades y el mercado de valores. No haga compras a largo plazo.

Desarrolle un proyecto pequeño, como un nuevo juego de estantes para el garaje. Construya un nuevo centro de entretenimiento con un juego de armar. Navegue en Internet. Cultive el jardín. Esta Luna le ayudará a eliminar maleza e insectos.

QUÉ HACER EN UNA LUNA DE TAURO

Esta es la mejor Luna para iniciar proyectos que no pueden ser terminados rápidamente. Es el período ideal para formar hábitos de toda la vida (ojalá buenos). Una nueva actividad se volverá habitual y será muy difícil de cambiar.

Esta es una gran Luna para que mejore su apariencia. Compre ropa nueva, o enderece sus dientes. Escoja un nuevo peinado y relájese con un masaje facial.

La comida se torna importante en esta Luna de tierra. En lugar de sucumbir a la glotonería, trate de enfocarse en cocinar. Prepare una gran cena familiar. Manténgase cocinando hasta que pase el deseo de comer. Hágalo durante el siguiente par de días si es necesario.

Abra una cuenta de ahorros o compre una casa y múdese. Comience a trabajar en un plan financiero ideado durante la Luna de Capricornio. Compre un carro nuevo o repare el viejo.

Sea voluntario para recabar fondos en una institución de caridad local. Ellos siempre necesitan ayuda. Acuda a contactos comerciales. Tome nuevas responsabilidades en el trabajo o comience un nuevo empleo. Esfuércese más en llegar a trabajar a tiempo. Entrene un nuevo empleado o para ese caso, adiestre una mascota.

Inicie un proyecto de construcción. Remodele el garaje y pinte las alcobas de los niños. Arregle esa cubierta y el jacuzzi de la galería. Organice y planee el jardín. Plante cultivos de raíces y verduras hojosas. Si nada más parece emocionante, lea un libro.

QUÉ HACER EN UNA LUNA DE GÉMINIS

Las opiniones de otras personas tendrán un gran impacto en esta Luna. Un nuevo proyecto tendrá aguante pero probablemente no se terminará como fue planeado. Este tipo de energía es muy conducente a escribir como una forma de arte.

Rompa viejos hábitos. Elimínelos ahora y termine con ellos en la siguiente Luna de Escorpión. Deshierbe el jardín. (No deje que esos brotes nocivos avancen.)

Este es un buen período para llenar el calendario social. Vaya a fiestas y diviértase. Visite los clubes de solteros locales o inscríbase en un gimnasio. Tome una clase en el colegio universitario de la comunidad o viaje en grupo. Investigue organizaciones para «salvar la tierra». Examine la última generación de juegos en CD-ROM —estos le quitarán varias horas en una sola sesión—.

QUÉ HACER EN UNA LUNA DE CÁNCER

Use la intuición cuando esté desarrollando una buena relación con los demás. Lo ayudará a entender sus necesidades y a saber cómo servirles.

Hornee pan o galletas. Gane algo de peso. Trate de enlatar albaricoques. Yo disfruto hacer aloja, y a menudo comienzo el proceso en la Luna de Cáncer. Invite amigos a una comida familiar: sopas y estofados, pan casero y Alaska horneado como postre. Una actividad alrededor de la casa que embellezca y mejore la domesticidad es apropiada. Nuevos muebles pueden ser una alternativa —aumente una antigüedad a la colección—.

Esta es una buena oportunidad para cambiar la apariencia exterior. Cambie el color de su pelo o hágase una permanente. Ayude a embellecer el vecindario. Recoja las latas y botellas tiradas a lo largo de las calles o en el parque, y no olvide reciclar.

Ahora será mucho más fácil recaudar dinero de los amigos. El interés por el bienestar de ellos estará presente; se sentirán obligados a retribuirlo,

El jardín es una prioridad. No hay mejor tiempo para plantar y regar. Los estudios muestran que al sembrar en esta Luna se producen plantas más saludables y provechosas.

QUÉ HACER EN UNA LUNA DE LEO

Concéntrese en el trabajo con organizaciones de caridad o cualquier programa institucional. El desarrollo de una idea originará todo un nuevo proceso para usted, es una perfecta actividad durante esta Luna. El comportamiento magnánimo calmará el anhelo de ser reconocido, Pase un tiempo de voluntario en grupos juveniles.

Pinte el exterior de la casa. Para llamar la atención píntela con un color bastante vivo. Instale una cerca de seguridad alrededor de la propiedad. Considere comprar un carro costoso para estacionarlo enfrente de la casa recientemente asegurada y pintada. Múdese a un nuevo vecindario. Si todo lo demás falla, haga una fiesta. Proveerá un escenario frente a una cautiva audiencia.

Use la energía extra de esta Luna de fuego para ejercitarse y perder peso. Cocine alimentos que estimulen el metabolismo del cuerpo. Seque frutas y verduras en lugar de tirar los sobrantes. Si cocinar es aburridor, visite el restaurante más elegante de la ciudad. Es tiempo de arrancar la maleza otra vez. Las primeras hierbas malas en aparecer son las iniciadoras. Si son eliminadas orgánicamente, se acumulará muy poca maleza.

QUÉ HACER EN UNA LUNA DE VIRGO

Esta Luna es conducente a terminar cualquier actividad detallada. Encontré que editar mi libro fue una actividad perfecta para este período. Puede ser satisfactorio completar un crucigrama o competir en un torneo de ajedrez. Limpie su carro.

Evite actividades que dependan de iniciativa y habilidades para resolver problemas globales. Cualquier tarea a la mano que requiera análisis detallado será fácilmente realizada, al igual que el trabajo delegado por el jefe. Asuma nuevas responsabilidades en el trabajo.

Matricúlese en un instituto técnico para aprender una nueva habilidad laboral o empiece a estudiar un idioma extranjero. El zoológico local o una sociedad humanitaria necesita voluntarios para diversas tareas —téngalo en cuenta—.

Un programa para perder peso, basado en el consumo de alimentos naturales con sólo la cantidad apropiada de sodio y grasa, será un resonante éxito. Examine esas etiquetas y compre comida saludable.

QUÉ HACER EN UNA LUNA DE LIBRA

Únase a un grupo social o participe en funciones sociales. Esta Luna origina interacciones positivas con los demás. Hable de sí mismo. No se preocupe, esto sólo desarrollará intimidad. Vaya a fiestas o sea anfitrión de una. Cualquier trabajo que requiera el arte de vender será productivo. Hágase voluntario en una institución de caridad o un hospital para niños.

Cocine para otros —haga algunos molletes y llévelos al trabajo—. Nadie se queja porque haya más comida en el lugar de trabajo. Una romántica cena a la luz de una vela para dos podría ser muy útil en una relación.

Actualice el ropero. Ensaye un nuevo peinado. Dé una idea para lentes de contacto o cambie su estilo de marco. Considere el vello facial. Una barba, un bigote o una perilla podrían ser claves.

Plantas de vid son sembradas mejor en esta Luna. Las raíces serán más fuertes y sanas.

QUÉ HACER EN UNA LUNA DE ESCORPIÓN

Maximice las habilidades psíquicas. Esto le ayudará a tratar desconocidos y tomar decisiones importantes, tales como comprar un carro. Confíe en sus instintos. Planee una noche lujuriosamente romántica o un fin de semana lejos. Compre ropa o lencería sexy.

Este es un buen período para terminar cosas, especialmente relaciones. El final será rápido y permanente. Evite cortar un árbol en esta Luna, pues no volverá a crecer. Disipe energía ayudando en un grupo conservacionista.

Ejercite para pruebas de jockey o fútbol. Esta es otra buena Luna para elaborar cerveza. Es agradable hacer jaleas y caramelos. Nunca he encontrado un Sol o una Luna de Escorpión que no guste de las antigüedades. Compre una, pero no como regalo. La de Escorpión es una Luna de agua y como todas las Lunas de este elemento, es apta para curaciones. Compre medicinas herbales. Cosechar las hierbas debería ser una labor posterior, pero su siembra es apropiada para este tiempo. De hecho, sembrar en general es una buena idea.

QUÉ HACER EN UNA LUNA DE SAGITARIO

Esta Luna estimula la fe en la vida y el espíritu. La fe puede ser usada para ayudar a realizar tareas difíciles tales como cambios de trabajo. Use su imaginación cuando vaya a decidir una carrera o planes de vacaciones.

El descanso y la recreación se ajustan perfectamente a una Luna de Sagitario. Entréguese a la espontaneidad. Tenga fe y confíe en que todo funcionará.

Hablando de fe, una iglesia u organización religiosa necesita su ayuda. No solamente contribuya con dinero —dé algo de su tiempo—. La última de las Lunas de fuego debería incluir viajes. Evite un viaje en grupo planeado —sólo vaya—. Si está un poco corto de dinero para viajar, solicite un préstamo. No olvide enviar tarjetas postales. Coma, beba y dese la buena vida. Sea cuidadoso, todo está bien —estas son unas vacaciones—. No olvide llevar aspirina y antiácido.

Después de cada Luna de siembra viene una para desherbar. Las Lunas de fuego no son nutritivas. Desyerbe el jardín.

QUÉ HACER EN UNA LUNA DE CAPRICORNIO

La Luna de Capricornio se ajusta bien para planes estructurados. Los planes hechos se desarrollarán con fuerza en una buena base, especialmente si hay un interés financiero personal.

Establezca objetivos financieros y haga planes para el futuro. Saque el saldo de su chequera y trabaje términos de pago con acreedores o sobre nuevas adquisiciones. Ahora las inversiones serán sólidas en valores, bonos, casas de alquiler, antigüedades, obras de arte y bienes raíces.

Observe la temperatura de su calentador de agua —redúzcala para conservar recursos—. Las luces a menudo son dejadas encendidas cuando no están en uso. Haga el esfuerzo de apagarlas y ahorre dinero en el recibo eléctrico.

Organice el equipo de softball de la empresa para la siguiente temporada, o planee unas vacaciones de fin de semana. Fije un horario regular de mantenimiento para el carro, y abra una cuenta de ahorros que automáticamente deposite su salario en ella.

El olor del horno penetra una casa y le da un maravilloso atractivo. ¿Por qué no hornear un pastel como postre esta noche? Esta es una gran Luna para planear o iniciar una dieta.

Plante cultivos de raíces que no pudieron sembrarse en la Luna de Tauro. Las papas florecen en la Luna de Capricornio.

QUÉ HACER EN UNA LUNA DE ACUARIO

Esta es una Luna para tratar el cabello químicamente. Dedíquese al bronceado de invierno en el salón apropiado y consiga una manicurista. Una dieta será efectiva con la ayuda de un oficio en el que se pierda peso. El intento por bajar de peso sin la motivación y ayuda de otros, debería ser aplazado para otra Luna.

Resístase a viejos anhelos siempre que sea posible, luego ceda. Ya que estamos hablando de comida, este sería un buen tiempo para conservas en lata.

«No sea prestatario ni preste», pero puede ser el tiempo apropiado para pedir prestado dinero de una institución. Evite prestar dinero. Negocie términos para un nuevo carro o arreglos de la casa. Pida un descuento en la tienda de comestibles.

Los eventos son una prioridad ahora. Sea anfitrión de una fiesta en su casa o únase a un grupo social. Viajar en grupos mejorará el ambiente. Viva con amigos.

Escriba a senadores y congresistas acerca de asuntos ambientales. Asegúrese que entiendan lo que se espera de ellos.

Los proyectos alrededor de la casa deberían limitarse a pintar, empapelar las paredes, alfombrar o embaldosar un piso. Cambie solamente la apariencia exterior. Evite trabajo estructural. Elimine la maleza. Arránquela y quémela.

QUÉ HACER EN UNA LUNA DE PISCIS

La Luna de Piscis es un período de recuperación, reorganización y planeamiento sobre los talones de un proyecto terminado o uno que salió mal. Reagrupe y planee el siguiente ataque.

Use esta Luna de agua para ayudar a las porciones acuosas del planeta. Done tiempo y dinero a una causa ambiental o ayude a limpiar una playa.

Organice un archivador o casillero de auto-almacenamiento. Es tiempo para limpieza de primavera. Examine el armario y dé para caridad toda la ropa no usada al menos una vez el último año.

La Luna de Piscis es la más romántica. Una boda o luna de miel serían perfectas. Si eso es demasiado serio, ensaye un fin de semana en la playa. Piérdase en un romance.

Al igual que en las otras dos Lunas de agua, enlatar alimentos y elaborar cerveza son actividades que valen la pena desarrollarse. Cocine alimentos que necesiten envejecerse. El ají y la salsa de espaguetis siempre sabrán mejor el día siguiente.

Envíe por correo paquetes importantes si deben llegar a tiempo. Recuerde asegurarlos. Es tiempo de nutrir el jardín. Riegue las plantas y hábleles con delicadeza. Este es un tiempo para el crecimiento.

La autoconciencia es la clave para usar la Luna. Continúe escribiendo el diario. Cree un espacio seguro para sentir y expresar emociones. Considere éstas cuando haga elecciones. Cuando la selección del tiempo no es un asunto fijo, incluya la Luna como uno de los factores al hacer esa elección. Por ejemplo, planee evitar la Luna de Cáncer cuando haga algo que probará la seguridad del espacio familiar. No planee inadvertidamente una venta de garaje en una Luna canceriana. A menudo nos sentimos más seguros cuando tenemos nuestras posesiones a nuestro alrededor y vendiéndolas estamos probando esa sensación de seguridad. La Luna de Cáncer es también sentimental, y será difícil vender cosas acumuladas durante años. Un enfoque más positivo para la Luna canceriana podría ser trabajar en proyectos de mejoramiento de la casa, o pasar algún tiempo simplemente disfrutando el espacio hogareño. Recuerde, es sólo un asunto de elección.

Puede haber tantas diferentes creencias de la forma en que deberíamos vivir nuestras vidas, como la cantidad de personas que hay en la tierra. La mayoría de los individuos dirán que quieren vivir felizmente, pero usualmente no lo hacen. Algunos no son felices porque no tienen la voluntad para serlo y otros posiblemente no saben cómo. La mayoría no ha aprendido que la felicidad es una elección que hacen diariamente, y a menudo varias veces al día.

Quienes no están dispuestos a vivir realmente felices a menudo sienten que lo hacen debido a que están cómodos. No es que las personas quieran estar tristes —simplemente han comprometido muchos de sus deseos y normas para ajustarse al molde de una sociedad—. No piensan más que es posible una felicidad plena. Tienen responsabilidades; por consiguiente, están satisfechos para decir que la vida es «suficientemente buena». Eso es lo que saben y el decidir ser felices requeriría un cambio en sus vidas, y posiblemente un riesgo. Podrían conseguir lo que quieren, o tal vez fracasarían, dos conceptos que son muy pasmosos.

La felicidad no tiene nada que ver con las dificultades que encontramos mientras abrimos nuestro camino en este mundo. La felicidad no es más que un estado mental. Realmente «feliz» es definido en el diccionario como «contento de mente». Con esta definición, la felicidad puede ser aumentada simplemente reduciendo las preocupaciones y tensiones que pesan fuertemente sobre cada uno de nosotros. Esto puede hacerse en parte como se sugirió previamente: aproveche la Luna; sea responsable, no sea víctima; fije el problema, no la culpa y escuche. La felicidad es encontrada estando cómodos con nuestro ambiente y en paz con nosotros mismos.

Practique estos conceptos. Con práctica se volverán naturales. Entónese con la Luna y entienda sus cambios. Esta entonación fomentará la autoconciencia y a su vez nos abrirá a los sentimientos de los demás. Participar completamente en una relación significa compartir nuestros sentimientos con otras personas y proveer el espacio seguro para que ellas compartan con nosotros. Con el tiempo, esto conducirá a menos altibajos emocionales y una experiencia de vida más rica y completa. Elija ser feliz.

ORACIÓN

Gran Espíritu, conocido por nosotros con muchos nombres,
es de ti que toda vida nace
y a ti toda vida debe regresar.

Con tu sabiduría viajamos por nuestro camino,
con tu paciencia aprendemos nuestras lecciones,
y con tu alimento crecemos.

Conociéndonos a nosotros mismos podemos llegar a conocerte,
aprendiendo a querernos a nosotros
podemos aprender a quererte,
brindándonos salud a nosotros mismos podemos curarte.

Gran Espíritu, conocido por nosotros con muchos nombres,
camina con nosotros en el día y sueña con nosotros en la noche,
Ve en paz y bendito seas.

Efemérides lunar

El siguiente sistema para determinar la posición de la Luna fue desarrollado por Grant Lewi. Fue publicado originalmente en *Astrology for the Millions*, de Lewi (Llewellyn Publications).

SISTEMA DE GRANT LEWI

1. Encuentre su año de nacimiento en las tablas.

2. Baje por la columna izquierda y vea si su fecha esta ahí.

3. **Si su fecha está en la columna izquierda**, avance por esta línea hasta llegar a la columna de su año de nacimiento. Ahí encontrará un número. Este es su **número base**. Escríbalo y vaya directamente a la parte de las instrucciones bajo el título «Qué hacer con el número base» de la página 206.

4. **Si su fecha de nacimiento no se encuentra en la columna izquierda**, consiga lápiz y papel. Su fecha de nacimiento está entre dos números de la columna izquierda. Observe la fecha más cercana *después* de la suya, siga esta línea hasta su año de nacimiento. Escriba el número que encuentra ahí y llámelo «número superior». Habiendo hecho esto, escriba directamente debajo de él el número que aparece justo sobre él

en la tabla, y llámelo «número inferior». **Reste el número inferior del superior. (Si el número superior es menor, sume 360 a dicho número y luego reste.) El resultado es su diferencia.**

5. Regrese a la columna izquierda y encuentre la fecha de nacimiento *anterior* a la suya. Determine el número de días entre esta fecha y su fecha de nacimiento. Escriba este dato y llámelo «días intermedios».

6. En la **Tabla de Diferencia** presentada a continuación, observe en cuál grupo cae su **diferencia**:

Diferencia	Movimiento diario
80-87	12 grados
88-94	13 grados
95-101	14 grados
102-106	15 grados

Nota: Si nació en un año bisiesto y usa la diferencia entre febrero 26 y marzo 5, utilice la siguiente tabla especial:

Diferencia	Movimiento diario
94-99	12 grados
100-108	13 grados
109-115	14 grados
116-122	15 grados

Anote el **movimiento diario** correspondiente a su lugar en la **Tabla de Diferencia** apropiada.

7. Multiplique este movimiento diario por el número llamado **días intermedios** (hallado en el numeral 5).

8. Sume el resultado del paso 7 a su número inferior (en el numeral 4). Si es mayor que 360, reste 360 de él y llame al resultado **número base**.

QUÉ HACER
CON EL NÚMERO BASE

Diríjase a la **Tabla de Números Base** (pág. 238) y localice su **número base** en ella. En la parte superior de la columna encontrará el signo en el que estaba su Luna cuando usted nació. A la izquierda hallará el **grado** que ocupaba su Luna:

- 12 del mediodía de su fecha de nacimiento si nació bajo Greenwich Mean Time;

- 7 A.M. de su fecha de nacimiento si nació bajo Eastern Standard Time (Hora estándar del Este);

- 6 A.M. de su fecha de nacimiento si nació bajo Central Standard Time (Hora estándar del centro);

- 5 A.M. de su fecha de nacimiento si nació bajo Mountain Standard Time (Hora estándar de la montaña);

- 4 A.M. de su fecha de nacimiento si nació bajo Pacific Standard Time (Hora estándar del Pacífico).

Si no sabe la hora de su nacimiento, acepte esto como el signo y grado de su Luna. Si efectivamente sabe la hora de su nacimiento, obtenga el grado exacto como sigue:

- Si nació *después* de las 7 A.M., Eastern Standard Time (6 A.M. Central Standard Time, etc.), determine el número de horas posteriores a esta hora en que usted nació. Divida esto por dos. Adicione la cifra resultante a su número base y el resultado en la tabla será el grado y signo exactos de la Luna en el año, mes, día y hora de su nacimiento.

- Si nació *antes* de las 7 A.M. EST (6 A.M. CST, etc.), determine el número de horas anteriores a esta hora en que usted nació. Divida esto por dos. Reste la cifra resultante de su número base, y el resultado en la tabla será el grado y signo exactos de la Luna en el año, mes, día y hora de su nacimiento.

LA LUNA A TRAVÉS DE LOS SIGNOS

	1901	1902	1903	1904	1905	1906	1907	1908	1909	1910
Ene. 1	55	188	308	76	227	358	119	246	39	168
Ene. 8	149	272	37	179	319	82	208	350	129	252
Ene. 15	234	2	141	270	43	174	311	81	213	346
Ene. 22	327	101	234	353	138	273	44	164	309	84
Ene. 29	66	196	317	84	238	6	128	255	50	175
Feb. 5	158	280	46	188	328	90	219	359	138	259
Feb. 12	241	12	149	279	51	184	319	90	221	356
Feb. 19	335	111	242	2	146	283	52	173	317	94
Feb. 26	76	204	326	92	248	13	136	264	60	184
Mar. 5	166	288	57	211	336	98	229	21	147	267
Mar. 12	249	22	157	300	60	194	328	110	230	5
Mar. 19	344	121	250	24	154	293	60	195	325	105
Mar. 26	86	212	334	116	258	22	144	288	69	192
Abr. 2	175	296	68	219	345	106	240	29	155	276
Abr. 9	258	31	167	309	69	202	338	118	240	13
Abr. 16	352	132	258	33	163	304	68	204	334	115
Abr. 23	96	220	342	127	267	31	152	299	77	201
Abr. 30	184	304	78	227	354	114	250	38	164	285
Mayo 7	267	40	177	317	78	210	348	126	249	21
Mayo 14	1	142	266	42	172	313	76	212	344	124
Mayo 21	104	229	350	138	275	40	160	310	85	210
Mayo 28	193	313	87	236	2	123	259	47	172	294
Jun. 4	277	48	187	324	88	219	358	134	258	30
Jun. 11	11	151	275	50	182	322	85	220	355	132
Jun. 18	112	238	359	149	283	48	169	320	93	218

Jun. 25	201	322	96	245	11	133	267	57	180	304
Jul. 2	286	57	197	333	97	228	8	142	267	40
Jul. 9	21	160	283	58	193	330	94	228	6	140
Jul. 16	121	247	7	159	291	57	178	330	102	226
Jul. 23	209	332	105	255	18	143	276	66	188	314
Jul. 30	295	66	206	341	105	239	17	151	275	51
Ago. 6	32	168	292	66	204	338	103	237	17	148
Ago. 13	130	255	17	168	301	65	188	339	111	234
Ago. 20	217	341	113	265	27	152	285	76	197	323
Ago. 27	303	77	215	350	113	250	25	160	283	62
Sept. 3	43	176	301	75	215	346	111	246	27	157
Sept. 10	139	263	27	176	310	73	198	347	121	242
Sept. 17	225	350	123	274	35	161	294	85	205	331
Sept. 24	311	88	223	358	122	261	33	169	292	73
Oct. 1	53	185	309	85	224	355	119	256	35	166
Oct. 8	149	271	36	185	320	81	207	356	130	250
Oct. 15	233	359	133	283	44	169	305	93	214	339
Oct. 22	319	99	231	7	130	271	42	177	301	83
Oct. 29	62	194	317	95	233	5	127	266	44	176
Nov. 5	158	279	45	193	329	89	216	5	139	259
Nov. 12	242	6	144	291	53	177	316	101	223	347
Nov. 19	328	109	239	15	140	280	50	185	311	91
Nov. 26	70	203	325	105	241	14	135	276	52	185
Dic. 3	168	288	54	203	338	98	224	15	148	268
Dic. 10	251	14	155	299	61	185	327	109	231	356
Dic. 17	338	118	248	23	150	289	59	193	322	99
Dic. 24	78	213	333	115	249	23	143	286	61	194
Dic. 31	176	296	61	213	346	107	232	26	155	277

	1911	1912	1913	1914	1915	1916	1917	1918	1919	1920
Ene. 1	289	57	211	337	100	228	23	147	270	39
Ene. 8	20	162	299	61	192	332	110	231	5	143
Ene. 15	122	251	23	158	293	61	193	329	103	231
Ene. 22	214	335	120	256	23	145	290	68	193	316
Ene. 29	298	66	221	345	108	237	32	155	278	49
Feb. 5	31	170	308	69	203	340	118	239	16	150
Feb. 12	130	260	32	167	302	70	203	338	113	239
Feb. 19	222	344	128	266	31	154	298	78	201	325
Feb. 26	306	75	231	353	116	248	41	164	286	60
Mar. 5	42	192	317	77	214	2	127	248	26	172
Mar. 12	140	280	41	176	311	89	212	346	123	259
Mar. 19	230	5	136	276	39	176	308	87	209	346
Mar. 26	314	100	239	2	124	273	49	173	294	85
Abr. 2	52	200	326	86	223	10	135	257	35	181
Abr. 9	150	288	51	184	321	97	222	355	133	267
Abr. 16	238	14	146	286	48	184	318	96	218	355
Abr. 23	322	111	247	11	132	284	57	181	303	96
Abr. 30	61	208	334	96	232	19	143	267	43	190
Mayo 7	160	296	60	192	331	105	231	4	142	275
Mayo 14	246	22	156	294	56	192	329	104	227	3
Mayo 21	331	122	255	20	141	294	66	190	312	105
Mayo 28	69	218	342	106	240	29	151	277	51	200
Jun. 4	170	304	69	202	341	114	240	14	151	284
Jun. 11	255	30	167	302	65	200	340	112	235	11
Jun. 18	340	132	264	28	151	304	74	198	322	114
Jun. 25	78	228	350	115	249	39	159	286	60	209
Jul. 2	179	312	78	212	349	122	248	25	159	293

Jul. 9	264	39	178	310	74	209	350	120	244	20
Jul. 16	349	141	273	36	161	312	84	206	332	123
Jul. 23	87	237	358	125	258	48	168	295	70	218
Jul. 30	187	321	86	223	357	131	256	36	167	302
Ago. 6	272	48	188	319	82	219	360	129	252	31
Ago. 13	359	150	282	44	171	320	93	214	342	131
Ago. 20	96	246	6	133	268	57	177	303	81	226
Ago. 27	195	330	94	234	5	140	265	46	175	310
Sept. 3	281	57	198	328	90	229	9	138	260	41
Sept. 10	9	158	292	52	180	329	102	222	351	140
Sept. 17	107	255	15	141	279	65	186	312	91	234
Sept. 24	203	339	103	244	13	149	274	56	184	319
Oct. 1	288	68	206	337	98	240	17	148	268	52
Oct. 8	18	167	301	61	189	338	111	231	360	150
Oct. 15	118	263	24	149	290	73	195	320	102	242
Oct. 22	212	347	113	254	22	157	284	65	193	326
Oct. 29	296	78	214	346	106	250	25	157	276	61
Nov. 5	26	177	309	70	197	348	119	240	7	161
Nov. 12	129	271	33	158	300	81	203	329	112	250
Nov. 19	221	355	123	262	31	164	295	73	202	334
Nov. 26	305	88	223	355	115	259	34	165	285	70
Dic. 3	34	187	317	79	205	359	127	249	16	171
Dic. 10	138	279	41	168	310	89	211	340	120	259
Dic. 17	230	3	134	270	40	172	305	81	211	343
Dic. 24	313	97	232	3	124	267	44	173	294	78
Dic. 31	42	198	325	87	214	9	135	257	25	181

	1921	1922	1923	1924	1925	1926	1927	1928	1929	1930
Ene. 1	194	317	80	211	5	127	250	23	176	297
Ene. 8	280	41	177	313	90	211	349	123	260	22
Ene. 15	4	141	275	41	175	312	86	211	346	123
Ene. 22	101	239	3	127	272	51	172	297	83	222
Ene. 29	203	325	88	222	13	135	258	34	184	306
Feb. 5	289	49	188	321	99	220	359	131	269	31
Feb. 12	14	149	284	49	185	320	95	219	356	131
Feb. 19	110	249	11	135	281	60	181	305	93	230
Feb. 26	211	334	96	233	21	144	266	45	191	314
Mar. 5	297	58	197	343	107	230	8	153	276	41
Mar. 12	23	157	294	69	194	328	105	238	6	140
Mar. 19	119	258	19	157	292	68	190	327	104	238
Mar. 26	219	343	104	258	29	153	275	70	200	323
Abr. 2	305	68	205	352	115	240	16	163	284	51
Abr. 9	33	166	304	77	204	337	114	247	14	149
Abr. 16	130	266	28	164	303	76	198	335	115	246
Abr. 23	227	351	114	268	38	161	285	79	208	331
Abr. 30	313	78	214	1	123	250	25	172	292	61
Mayo 7	42	176	313	85	212	348	123	256	23	160
Mayo 14	141	274	37	173	314	84	207	344	125	254
Mayo 21	236	359	123	277	47	169	295	88	217	339
Mayo 28	321	88	222	11	131	259	34	181	301	70
Jun. 4	50	186	321	94	220	358	131	264	31	171
Jun. 11	152	282	45	182	324	93	215	354	135	263
Jun. 18	245	7	134	285	56	177	305	96	226	347
Jun. 25	330	97	232	20	139	268	44	190	310	78
Jul. 2	58	197	329	103	229	9	139	273	40	181

Jul. 9	162	291	54	192	333	101	223	4	144	272
Jul. 16	254	15	144	294	65	185	315	104	236	355
Jul. 23	338	106	242	28	148	276	54	198	319	87
Jul. 30	67	208	337	112	238	20	147	282	49	191
Ago. 6	171	300	62	202	341	110	231	15	152	281
Ago. 13	264	24	153	302	74	194	324	114	244	4
Ago. 20	347	114	253	36	157	285	65	206	328	95
Ago. 27	76	218	346	120	248	29	156	290	59	200
Sept. 3	179	309	70	213	350	119	239	25	161	290
Sept. 10	273	32	162	312	83	203	332	124	252	13
Sept. 17	356	122	264	44	166	293	75	214	337	105
Sept. 24	86	227	354	128	258	38	165	298	70	208
Oct. 1	187	318	78	223	358	128	248	35	169	298
Oct. 8	281	41	170	322	91	212	340	134	260	23
Oct. 15	5	132	274	52	175	303	85	222	345	115
Oct. 22	97	235	3	136	269	46	174	306	81	216
Oct. 29	196	327	87	232	7	137	257	44	179	307
Nov. 5	289	50	178	332	99	221	349	144	268	31
Nov. 12	13	142	283	61	183	313	93	231	353	126
Nov. 19	107	243	12	144	279	54	183	315	91	225
Nov. 26	206	335	96	241	17	145	266	52	189	314
Dic. 3	297	59	187	343	107	230	359	154	276	39
Dic. 10	21	152	291	70	191	324	101	240	1	137
Dic. 17	117	252	21	153	289	63	191	324	99	234
Dic. 24	216	343	105	249	28	152	275	60	199	322
Dic. 31	305	67	197	352	115	237	9	162	285	47

	1931	1932	1933	1934	1935	1936	1937	1938	1939	1940
Ene. 1	60	196	346	107	231	8	156	277	41	181
Ene. 8	162	294	70	193	333	104	240	4	144	275
Ene. 15	257	20	158	294	68	190	329	104	239	360
Ene. 22	342	108	255	32	152	278	67	202	323	88
Ene. 29	68	207	353	116	239	19	163	286	49	191
Feb. 5	171	302	78	203	342	113	248	14	153	284
Feb. 12	267	28	168	302	78	198	339	113	248	8
Feb. 19	351	116	266	40	161	286	78	210	332	96
Feb. 26	77	217	1	124	248	29	171	294	59	200
Mar. 5	179	324	86	213	350	135	256	25	161	306
Mar. 12	276	48	176	311	86	218	347	123	256	29
Mar. 19	360	137	277	48	170	308	89	218	340	119
Mar. 26	86	241	10	132	258	52	180	302	69	223
Abr. 2	187	334	94	223	358	144	264	34	169	315
Abr. 9	285	57	185	321	95	227	355	133	264	38
Abr. 16	9	146	287	56	178	317	99	226	349	128
Abr. 23	96	250	18	140	268	61	189	310	80	231
Abr. 30	196	343	102	232	7	153	273	43	179	323
Mayo 7	293	66	193	332	103	237	4	144	272	47
Mayo 14	17	155	297	64	187	327	108	235	357	139
Mayo 21	107	258	28	148	278	69	198	318	90	239
Mayo 28	205	351	111	241	17	161	282	51	189	331
Jun. 4	301	75	201	343	111	245	13	154	280	55
Jun. 11	25	165	306	73	195	337	117	244	5	150
Jun. 18	117	267	37	157	288	78	207	327	99	248
Jun. 25	215	360	120	249	28	169	291	60	200	339
Jul. 2	309	84	211	353	119	254	23	164	289	64

Jul. 9	33	176	315	82	203	348	125	253	13	160
Jul. 16	126	276	46	165	297	87	216	336	108	258
Jul. 23	226	8	130	258	38	177	300	69	210	347
Jul. 30	317	92	221	2	128	262	33	173	298	72
Ago. 6	41	187	323	91	211	359	133	261	21	170
Ago. 13	135	285	54	175	305	97	224	346	116	268
Ago. 20	237	16	138	267	49	185	308	78	220	355
Ago. 27	326	100	232	10	136	270	44	181	307	80
Sept. 3	49	197	331	100	220	8	142	270	31	179
Sept. 10	143	295	62	184	314	107	232	355	125	278
Sept. 17	247	24	147	277	58	194	317	89	228	4
Sept. 24	335	108	243	18	145	278	55	189	316	88
Oct. 1	58	206	341	108	229	17	152	278	40	188
Oct. 8	151	306	70	193	322	117	240	4	134	288
Oct. 15	256	32	155	287	66	203	324	100	236	13
Oct. 22	344	116	253	27	154	287	64	198	324	98
Oct. 29	68	214	350	116	239	25	162	286	49	196
Nov. 5	161	316	78	201	332	126	248	12	145	297
Nov. 12	264	41	162	298	74	212	333	111	244	22
Nov. 19	353	125	262	36	162	296	73	207	332	108
Nov. 26	77	222	0	124	248	33	172	294	58	205
Dic. 3	171	325	87	209	343	135	257	19	156	305
Dic. 10	272	50	171	309	82	220	341	120	253	30
Dic. 17	1	135	271	45	170	306	81	217	340	118
Dic. 24	86	231	10	132	256	43	181	302	66	214
Dic. 31	182	333	95	217	354	142	265	27	167	313

	1941	1942	1943	1944	1945	1946	1947	1948	1949	1950
Ene. 1	325	88	211	353	135	258	22	165	305	68
Ene. 8	50	176	315	85	219	348	126	256	29	160
Ene. 15	141	276	50	169	312	87	220	340	123	258
Ene. 22	239	12	133	258	52	182	303	69	224	352
Ene. 29	333	96	221	2	143	266	32	174	314	75
Feb. 5	57	186	323	95	227	358	134	265	37	170
Feb. 12	150	285	58	178	320	96	228	349	131	268
Feb. 19	250	20	142	267	62	190	312	78	234	359
Feb. 26	342	104	231	11	152	274	43	182	323	83
Mar. 5	65	196	331	116	236	8	142	286	46	179
Mar. 12	158	295	66	199	328	107	236	10	139	279
Mar. 19	261	28	150	290	72	198	320	102	243	8
Mar. 26	351	112	242	34	161	281	53	204	332	91
Abr. 2	74	205	340	125	244	16	152	294	55	187
Abr. 9	166	306	74	208	337	117	244	19	148	289
Abr. 16	270	36	158	300	81	206	328	112	252	17
Abr. 23	360	120	252	42	170	290	63	212	340	100
Abr. 30	83	214	350	133	254	25	162	302	64	195
Mayo 7	174	316	82	217	346	127	252	27	158	299
Mayo 14	279	45	166	311	90	215	336	123	260	26
Mayo 21	9	128	261	50	179	299	72	221	349	110
Mayo 28	92	222	1	141	263	33	173	310	73	204
Jun. 4	184	326	91	226	356	137	261	36	168	307
Jun. 11	287	54	174	322	98	224	344	134	268	34
Jun. 18	17	137	270	60	187	308	81	231	357	119
Jun. 25	102	231	11	149	272	42	183	318	82	213
Jul. 2	194	335	99	234	7	145	269	44	179	316

Jul. 9	296	63	183	332	106	233	353	144	277	43
Jul. 16	25	147	279	70	195	318	89	241	5	129
Jul. 23	110	240	21	157	280	52	192	327	91	224
Jul. 30	205	343	108	242	18	153	278	52	190	324
Ago. 6	304	71	192	341	115	241	3	153	286	51
Ago. 13	33	156	287	80	203	327	98	251	13	138
Ago. 20	119	250	30	165	289	63	201	336	99	235
Ago. 27	216	351	117	250	28	162	287	61	200	332
Sept. 3	314	80	201	350	125	249	13	161	296	59
Sept. 10	41	165	296	90	211	336	108	260	21	146
Sept. 17	127	261	39	174	297	74	209	345	107	246
Sept. 24	226	359	126	259	38	170	295	70	209	341
Oct. 1	323	88	211	358	135	257	22	170	306	67
Oct. 8	49	174	306	99	220	344	118	269	30	154
Oct. 15	135	272	47	183	305	84	217	353	116	256
Oct. 22	236	8	134	269	47	180	303	80	217	351
Oct. 29	333	95	220	7	144	265	31	179	315	75
Nov. 5	58	181	317	107	229	352	129	277	39	162
Nov. 12	143	283	55	192	314	94	225	1	125	265
Nov. 19	244	18	141	279	55	189	311	90	225	0
Nov. 26	343	104	229	16	153	274	39	189	323	84
Dic. 3	67	189	328	115	237	360	140	284	47	171
Dic. 10	153	292	64	200	324	103	234	9	136	274
Dic. 17	252	28	149	289	63	199	319	100	234	9
Dic. 24	351	112	237	27	161	282	47	199	331	93
Dic. 31	76	198	338	123	246	9	150	293	55	180

	1951	1952	1953	1954	1955	1956	1957	1958	1959	1960
Ene. 1	194	336	115	238	6	147	285	47	178	317
Ene. 8	297	67	199	331	107	237	9	143	278	47
Ene. 15	30	150	294	70	200	320	104	242	9	131
Ene. 22	114	240	35	161	284	51	207	331	94	223
Ene. 29	204	344	124	245	17	155	294	55	189	325
Feb. 5	305	76	207	341	116	246	18	152	287	56
Feb. 12	38	159	302	80	208	330	112	252	17	140
Feb. 19	122	249	45	169	292	61	216	340	102	233
Feb. 26	215	352	133	253	27	163	303	63	199	333
Mar. 5	314	96	216	350	125	266	27	161	297	75
Mar. 12	46	180	310	91	216	351	121	262	25	161
Mar. 19	130	274	54	178	300	86	224	349	110	259
Mar. 26	225	14	142	262	37	185	312	72	208	356
Abr. 2	324	104	226	358	135	274	37	169	307	83
Abr. 9	54	189	319	100	224	360	131	271	34	170
Abr. 16	138	285	62	187	308	97	232	357	118	269
Abr. 23	235	23	150	271	46	194	320	82	217	5
Abr. 30	334	112	235	6	146	282	46	177	317	91
Mayo 7	62	197	330	109	232	8	142	279	42	177
Mayo 14	146	296	70	196	316	107	240	6	127	279
Mayo 21	243	32	158	280	54	204	328	91	225	15
Mayo 28	344	120	244	15	155	290	55	187	326	100
Jun. 4	71	205	341	117	241	16	153	288	51	186
Jun. 11	155	306	79	204	325	117	249	14	137	288
Jun. 18	252	42	166	290	63	214	336	101	234	25
Jun. 25	354	128	253	26	164	298	63	198	335	109
Jul. 2	80	214	351	125	250	24	164	296	60	195

Jul. 9	164	315	88	212	335	126	259	22	147	297
Jul. 16	260	52	174	299	72	223	344	110	243	34
Jul. 23	3	137	261	37	173	307	71	209	343	118
Jul. 30	89	222	2	134	258	33	174	304	68	205
Ago. 6	174	324	97	220	345	134	268	30	156	305
Ago. 13	270	62	182	308	82	232	353	118	254	42
Ago. 20	11	146	269	48	181	316	79	220	351	126
Ago. 27	97	232	11	143	267	43	183	314	76	215
Sept. 3	184	332	107	228	355	143	278	38	166	314
Sept. 10	280	71	191	316	92	241	2	127	265	50
Sept. 17	19	155	278	58	189	325	88	230	359	135
Sept. 24	105	242	20	152	274	54	191	323	84	225
Oct. 1	193	341	116	237	4	152	287	47	174	324
Oct. 8	291	79	200	324	103	249	11	135	276	58
Oct. 15	27	163	287	68	198	333	98	239	8	143
Oct. 22	113	252	28	162	282	64	199	332	92	235
Oct. 29	201	350	125	245	12	162	295	56	182	334
Nov. 5	302	87	209	333	114	256	19	144	286	66
Nov. 12	36	171	297	76	207	341	109	247	17	150
Nov. 19	121	262	37	171	291	73	208	341	101	244
Nov. 26	209	0	133	254	20	173	303	65	190	345
Dic. 3	312	95	217	342	124	265	27	154	295	75
Dic. 10	45	179	307	84	216	348	119	255	27	158
Dic. 17	129	271	46	180	299	82	218	350	110	252
Dic. 24	217	11	141	263	28	184	311	73	199	355
Dic. 31	321	103	225	352	132	273	35	164	303	84

	1961	1962	1963	1964	1965	1966	1967	1968	1969	1970
Ene. 1	96	217	350	128	266	27	163	298	76	197
Ene. 8	179	315	89	217	350	126	260	27	161	297
Ene. 15	275	54	179	302	86	225	349	112	257	36
Ene. 22	18	141	264	35	189	311	74	207	359	122
Ene. 29	105	225	1	136	275	35	173	306	85	206
Feb. 5	188	323	99	225	360	134	270	35	171	305
Feb. 12	284	64	187	310	95	235	357	121	267	45
Feb. 19	26	150	272	46	197	320	81	218	7	130
Feb. 26	113	234	11	144	283	45	182	315	93	216
Mar. 5	198	331	109	245	9	142	280	54	180	313
Mar. 12	293	73	195	332	105	244	5	142	277	54
Mar. 19	34	159	280	71	205	329	90	243	15	139
Mar. 26	122	243	19	167	291	54	190	338	101	226
Abr. 2	208	340	119	253	18	151	290	63	189	323
Abr. 9	303	82	204	340	116	252	14	150	288	62
Abr. 16	42	167	288	81	213	337	99	253	23	147
Abr. 23	130	253	28	176	299	64	198	347	109	235
Abr. 30	216	349	128	261	27	161	298	71	197	333
Mayo 7	314	90	213	348	127	260	23	158	299	70
Mayo 14	51	176	298	91	222	345	109	262	32	155
Mayo 21	137	263	36	186	307	74	207	357	117	245
Mayo 28	225	359	137	270	35	172	307	80	205	344
Jun. 4	325	98	222	357	137	268	31	168	309	78
Jun. 11	60	184	308	99	231	353	119	270	42	163
Jun. 18	146	272	45	195	315	82	217	6	126	253
Jun. 25	233	10	145	279	43	183	315	89	214	355
Jul. 2	336	106	230	6	147	276	40	178	318	87

Jul. 9	70	191	318	108	241	1	129	279	51	171
Jul. 16	154	281	56	204	324	91	227	14	135	261
Jul. 23	241	21	153	288	52	193	323	98	223	5
Jul. 30	345	115	238	16	156	286	47	188	327	97
Ago. 6	79	200	327	116	250	10	138	288	60	180
Ago. 13	163	289	66	212	333	99	238	22	144	270
Ago. 20	250	32	161	296	61	203	331	106	233	14
Ago. 27	353	124	246	27	164	295	55	199	335	106
Sept. 3	88	208	336	126	259	19	147	297	68	189
Sept. 10	172	297	77	220	342	108	249	30	152	279
Sept. 17	260	41	170	304	72	212	340	114	244	23
Sept. 24	1	134	254	37	172	304	64	208	344	115
Oct. 1	97	217	344	136	267	28	155	308	76	198
Oct. 8	180	306	88	228	351	117	259	38	161	289
Oct. 15	270	50	179	312	82	220	350	122	254	31
Oct. 22	10	143	262	47	182	313	73	217	353	123
Oct. 29	105	226	352	146	275	37	163	318	84	207
Nov. 5	189	315	97	237	359	127	268	47	168	299
Nov. 12	281	58	188	320	93	228	359	130	264	39
Nov. 19	19	151	271	55	191	321	82	225	3	131
Nov. 26	113	235	1	157	282	45	172	328	92	215
Dic. 3	197	326	105	245	7	138	276	55	176	310
Dic. 10	291	66	197	328	102	237	7	139	273	48
Dic. 17	30	159	280	63	202	329	91	234	13	139
Dic. 24	121	243	11	167	291	53	183	337	101	223
Dic. 31	204	336	113	254	14	149	284	64	184	320

	1971	1972	1973	1974	1975	1976	1977	1978	1979	1980
Ene. 1	335	109	246	8	147	279	56	179	318	90
Ene. 8	71	197	332	108	243	6	144	278	54	176
Ene. 15	158	283	69	207	328	93	240	18	139	263
Ene. 22	244	20	169	292	54	192	339	102	224	4
Ene. 29	344	117	255	17	156	288	64	188	327	99
Feb. 5	81	204	342	116	253	14	153	287	63	184
Feb. 12	167	291	79	216	337	101	251	26	147	271
Feb. 19	252	31	177	300	62	203	347	110	233	14
Feb. 26	353	126	263	27	164	297	72	199	334	109
Mar. 5	91	224	351	124	262	34	162	296	72	204
Mar. 12	176	312	90	224	346	122	262	34	156	293
Mar. 19	261	55	185	309	72	226	356	118	243	37
Mar. 26	1	149	270	37	172	320	80	208	343	130
Abr. 2	100	233	360	134	270	43	170	307	80	213
Abr. 9	184	320	101	232	355	131	273	42	164	302
Abr. 16	271	64	194	317	82	235	5	126	254	46
Abr. 23	9	158	278	47	181	329	88	217	352	139
Abr. 30	109	242	8	145	278	52	178	318	88	222
Mayo 7	193	329	111	240	3	141	282	50	173	312
Mayo 14	281	73	203	324	92	243	14	134	264	54
Mayo 21	19	167	287	55	191	337	97	226	3	147
Mayo 28	117	251	16	156	286	61	187	328	96	231
Jun. 4	201	339	120	249	11	151	291	59	180	323
Jun. 11	291	81	213	333	102	252	23	143	273	63
Jun. 18	29	176	296	64	201	346	106	234	13	155
Jun. 25	125	260	25	167	295	69	196	338	105	239
Jul. 2	209	349	129	258	19	162	299	68	188	334

Jul. 9	300	90	222	341	111	261	32	152	282	72
Jul. 16	40	184	305	72	212	354	115	243	24	163
Jul. 23	133	268	35	176	303	78	206	347	114	248
Jul. 30	217	0	137	267	27	172	308	77	197	344
Ago. 6	309	99	230	350	120	271	40	161	290	83
Ago. 13	51	192	314	81	223	2	124	252	34	171
Ago. 20	142	276	45	185	312	86	217	356	123	256
Ago. 27	225	10	146	276	36	182	317	86	206	353
Sept. 3	317	109	238	360	128	281	48	170	299	93
Sept. 10	61	200	322	90	232	10	132	262	43	180
Sept. 17	151	284	56	193	321	94	228	4	132	264
Sept. 24	234	20	155	284	45	191	326	94	215	2
Oct. 1	325	120	246	9	136	291	56	179	308	103
Oct. 8	70	208	330	101	241	19	140	273	51	189
Oct. 15	160	292	66	202	330	102	238	12	140	273
Oct. 22	243	28	165	292	54	199	336	102	225	10
Oct. 29	334	130	254	17	146	301	64	187	318	112
Nov. 5	79	217	338	112	249	27	148	284	59	197
Nov. 12	169	300	76	210	339	111	247	21	148	282
Nov. 19	253	36	175	300	63	207	347	110	234	18
Nov. 26	344	139	262	25	156	310	73	195	329	120
Dic. 3	87	226	346	122	257	36	157	294	67	206
Dic. 10	177	310	84	220	347	121	255	31	156	292
Dic. 17	261	45	185	308	72	216	356	118	242	28
Dic. 24	355	148	271	33	167	318	81	203	340	128
Dic. 31	95	235	355	132	265	44	166	303	76	214

	1981	1982	1983	1984	1985	1986	1987	1988	1989	1990
Ene. 1	226	350	129	260	36	162	300	71	205	333
Ene. 8	315	89	225	346	126	260	36	156	297	72
Ene. 15	53	188	309	73	225	358	119	243	37	168
Ene. 22	149	272	35	176	319	82	206	348	129	252
Ene. 29	234	0	137	270	43	172	308	81	213	343
Feb. 5	324	98	234	354	135	270	44	164	306	82
Feb. 12	64	196	317	81	236	6	128	252	48	175
Feb. 19	157	280	45	185	328	90	217	356	138	260
Feb. 26	242	10	145	279	51	182	316	90	222	353
Mar. 5	332	108	242	15	143	280	52	185	313	93
Mar. 12	74	204	326	104	246	14	136	275	57	184
Mar. 19	166	288	55	208	337	97	227	19	147	268
Mar. 26	250	20	154	300	60	191	326	111	230	1
Abr. 2	340	119	250	24	151	291	60	194	322	103
Abr. 9	84	212	334	114	255	22	144	286	66	192
Abr. 16	175	296	66	216	346	106	237	27	156	276
Abr. 23	259	28	164	309	69	199	336	119	240	9
Abr. 30	349	130	258	33	160	302	68	203	331	113
Mayo 7	93	221	342	124	264	31	152	297	75	201
Mayo 14	184	304	75	225	355	114	246	36	165	285
Mayo 21	268	36	175	317	78	207	347	127	249	18
Mayo 28	358	140	266	41	170	311	76	211	341	122
Jun. 4	102	230	350	135	272	40	160	307	83	210
Jun. 11	193	313	84	234	3	123	255	45	173	294
Jun. 18	277	45	185	325	87	216	357	135	258	27
Jun. 25	8	149	275	49	180	320	85	219	352	130
Jul. 2	110	239	359	146	281	49	169	317	92	219

Jul. 9	201	322	93	244	11	133	263	55	181	304
Jul. 16	286	54	196	333	96	225	7	143	266	37
Jul. 23	19	158	284	57	191	328	94	227	3	138
Jul. 30	119	248	7	155	290	57	178	327	101	227
Ago. 6	210	331	101	254	19	142	272	66	189	313
Ago. 13	294	64	205	341	104	236	16	152	274	48
Ago. 20	30	166	293	66	202	337	103	236	13	147
Ago. 27	128	256	17	164	299	65	187	335	111	235
Sept. 3	218	340	110	264	27	151	281	75	197	321
Sept. 10	302	75	214	350	112	247	24	160	282	59
Sept. 17	40	174	302	74	212	345	112	245	23	156
Sept. 24	138	264	26	172	309	73	197	343	121	243
Oct. 1	226	349	119	274	36	159	292	84	206	329
Oct. 8	310	86	222	359	120	258	32	169	291	70
Oct. 15	50	183	310	84	220	354	120	255	31	165
Oct. 22	148	272	35	181	319	81	206	352	130	251
Oct. 29	234	357	130	282	44	167	303	92	214	337
Nov. 5	318	96	230	8	129	268	40	178	300	79
Nov. 12	58	193	318	93	229	4	128	265	39	175
Nov. 19	158	280	44	190	329	90	214	2	139	260
Nov. 26	243	5	141	290	53	175	314	100	223	345
Dic. 3	327	106	238	16	139	277	49	185	310	88
Dic. 10	66	203	326	103	237	14	136	274	48	185
Dic. 17	167	288	52	200	337	98	222	12	147	269
Dic. 24	252	13	152	298	62	184	324	108	232	355
Dic. 31	337	114	248	24	149	285	59	193	320	96

	1991	1992	1993	1994	1995	1996	1997	1998	1999	2000
Ene. 1	111	242	15	145	281	53	185	317	92	223
Ene. 8	206	326	108	244	16	136	279	56	186	307
Ene. 15	289	54	210	337	99	225	21	147	270	37
Ene. 22	18	158	299	61	190	329	110	231	2	140
Ene. 29	119	252	23	155	290	62	193	326	101	232
Feb. 5	214	335	116	254	24	145	287	66	193	315
Feb. 12	298	63	220	345	108	235	31	155	278	47
Feb. 19	29	166	308	69	201	337	119	239	12	148
Feb. 26	128	260	32	164	299	70	202	335	111	240
Mar. 5	222	356	124	265	32	166	295	76	201	337
Mar. 12	306	87	229	354	116	259	39	164	285	72
Mar. 19	39	189	317	77	211	360	128	248	22	170
Mar. 26	138	280	41	172	310	90	212	343	121	260
Abr. 2	230	5	133	275	40	175	305	86	210	345
Abr. 9	314	98	237	3	123	270	47	173	294	83
Abr. 16	49	198	326	86	220	9	136	257	31	180
Abr. 23	148	288	50	180	320	98	221	351	132	268
Abr. 30	238	13	143	284	48	183	315	95	218	353
Mayo 7	322	109	245	12	132	281	55	182	302	93
Mayo 14	57	207	335	95	228	18	144	267	39	190
Mayo 21	158	296	59	189	330	106	230	1	141	276
Mayo 28	247	21	154	292	57	191	326	103	227	1
Jun. 4	330	119	253	21	141	291	64	190	311	102
Jun. 11	66	217	343	105	236	28	152	276	48	199
Jun. 18	168	304	68	199	340	114	238	11	150	285
Jun. 25	256	29	165	300	66	199	337	111	236	10
Jul. 2	339	129	262	29	150	300	73	198	321	111

Jul. 9	74	227	351	114	245	38	160	285	57	209
Jul. 16	177	313	76	210	348	123	246	22	158	293
Jul. 23	265	38	175	309	75	208	347	120	245	19
Jul. 30	349	137	272	37	160	308	83	206	331	119
Ago. 6	83	237	359	123	255	48	169	293	67	218
Ago. 13	186	322	84	221	356	132	254	33	166	302
Ago. 20	273	47	185	318	83	218	356	129	253	29
Ago. 27	358	146	282	45	169	317	93	214	340	128
Sept. 3	93	246	7	131	265	56	177	301	78	226
Sept. 10	194	331	92	231	4	141	263	43	174	311
Sept. 17	281	56	194	327	91	228	5	138	261	39
Sept. 24	8	154	292	53	178	326	102	223	349	137
Oct. 1	104	254	16	139	276	64	186	310	89	234
Oct. 8	202	339	101	241	13	149	273	53	183	319
Oct. 15	289	66	202	337	99	238	13	148	269	49
Oct. 22	16	164	301	61	187	336	111	231	357	148
Oct. 29	115	262	25	148	287	72	195	318	100	242
Nov. 5	211	347	111	250	22	157	283	61	193	326
Nov. 12	297	76	211	346	107	247	22	157	277	58
Nov. 19	24	174	309	70	194	346	119	240	5	159
Nov. 26	126	270	33	156	297	80	203	328	109	251
Dic. 3	220	355	121	258	31	165	293	69	202	334
Dic. 10	305	85	220	355	115	256	31	165	286	67
Dic. 17	32	185	317	79	203	357	127	249	13	169
Dic. 24	135	278	41	166	306	89	211	338	117	260
Dic. 31	230	3	131	266	41	173	303	78	211	343

	2001	2002	2003	2004	2005	2006	2007	2008	2009	2010
Ene. 1	355	128	263	33	165	300	74	203	336	111
Ene. 8	89	228	355	117	260	39	165	288	71	211
Ene. 15	193	317	79	209	4	127	249	20	174	297
Ene. 22	280	41	174	310	91	211	346	121	261	21
Ene. 29	4	137	273	42	175	308	84	211	345	119
Feb. 5	97	238	3	126	268	49	173	296	80	221
Feb. 12	202	326	87	219	12	136	257	31	182	306
Feb. 19	289	49	184	319	99	220	356	130	269	31
Feb. 26	13	145	283	49	184	316	94	219	355	127
Mar. 5	106	248	11	147	278	59	181	317	90	229
Mar. 12	210	334	95	244	20	145	265	56	190	315
Mar. 19	298	58	193	342	107	229	4	153	277	40
Mar. 26	23	153	293	69	193	325	104	239	4	136
Abr. 2	116	257	20	155	289	67	190	325	101	237
Abr. 9	218	343	104	255	28	154	274	67	198	323
Abr. 16	306	68	202	351	115	239	12	162	285	50
Abr. 23	32	162	303	77	202	334	114	247	12	146
Abr. 30	127	265	29	163	300	75	199	333	112	245
Mayo 7	226	352	113	264	37	162	284	76	207	331
Mayo 14	314	77	210	1	123	248	21	172	293	59
Mayo 21	40	173	312	86	210	345	122	256	20	157
Mayo 28	138	273	38	171	311	83	207	342	123	254
Jun. 4	235	0	122	273	46	170	294	84	217	339
Jun. 11	322	87	219	11	132	257	30	181	302	68
Jun. 18	48	183	320	95	218	356	130	265	29	168
Jun. 25	149	281	46	181	321	92	216	352	132	262
Jul. 2	245	8	132	281	56	178	304	93	227	347

Jul. 9	330	95	229	20	140	266	41	190	310	76
Jul. 16	56	195	328	104	227	7	138	274	38	179
Jul. 23	158	290	54	191	330	101	224	2	140	272
Jul. 30	254	16	142	290	65	186	313	101	236	356
Ago. 6	339	103	239	28	149	274	52	198	319	84
Ago. 13	65	205	336	112	236	17	147	282	47	188
Ago. 20	167	299	62	201	338	110	232	12	149	281
Ago. 27	264	24	151	299	74	194	321	111	245	5
Sept. 3	348	112	250	36	158	282	63	206	328	93
Sept. 10	74	215	345	120	246	26	156	290	58	197
Sept. 17	176	309	70	211	347	120	240	22	157	290
Sept. 24	273	33	159	309	83	203	330	122	253	14
Oct. 1	356	120	261	44	167	291	73	214	336	103
Oct. 8	84	224	354	128	256	34	165	298	68	205
Oct. 15	184	318	78	220	355	129	248	31	167	299
Oct. 22	281	42	167	320	91	212	338	132	261	23
Oct. 29	5	129	271	52	175	301	82	222	344	113
Nov. 5	95	232	4	136	266	42	174	306	78	213
Nov. 12	193	327	87	229	5	137	257	40	177	307
Nov. 19	289	51	176	331	99	221	346	143	268	31
Nov. 26	13	139	280	61	183	312	91	231	352	123
Dic. 3	105	240	13	144	276	51	183	315	87	223
Dic. 10	203	335	96	237	15	145	267	48	188	315
Dic. 17	297	59	185	341	107	229	356	152	277	39
Dic. 24	21	150	288	70	190	322	98	240	0	134
Dic. 31	114	249	22	153	285	60	191	324	96	232

	2011	2012	2013	2014	2015	2016	2017	2018	2019	2020
Ene. 1	246	13	147	281	57	183	318	92	229	352
Ene. 8	335	98	242	22	145	268	54	193	314	78
Ene. 15	59	193	345	108	229	5	155	278	39	178
Ene. 22	158	292	71	192	330	103	241	3	140	274
Ene. 29	256	21	157	290	67	190	328	101	239	0
Feb. 5	343	106	252	31	153	276	64	201	323	86
Feb. 12	67	204	352	116	237	16	162	287	48	188
Feb. 19	167	301	79	202	338	112	248	13	148	283
Feb. 26	266	29	166	298	77	198	337	110	248	9
Mar. 5	351	127	263	39	162	297	75	209	332	108
Mar. 12	76	229	0	125	247	40	171	295	58	212
Mar. 19	175	324	87	211	346	135	256	23	157	306
Mar. 26	275	49	175	308	86	219	345	120	256	29
Abr. 2	0	135	274	47	171	306	86	217	341	116
Abr. 9	85	238	9	133	256	49	180	303	68	220
Abr. 16	183	333	95	221	354	144	265	32	166	315
Abr. 23	284	57	183	319	94	228	353	131	264	38
Abr. 30	9	144	284	55	179	315	96	226	349	126
Mayo 7	95	247	19	141	267	57	189	310	78	228
Mayo 14	192	343	103	230	4	153	273	40	176	323
Mayo 21	292	66	191	330	102	237	1	142	272	47
Mayo 28	18	153	294	64	187	325	105	235	357	136
Jun. 4	105	255	28	149	276	66	198	319	88	237
Jun. 11	202	352	112	238	15	162	282	49	187	331
Jun. 18	300	75	199	340	110	245	10	152	280	55
Jun. 25	26	163	303	73	195	335	114	244	5	147
Jul. 2	114	263	37	157	286	75	207	327	96	246

Jul. 9	213	360	121	246	25	170	291	57	198	339
Jul. 16	308	84	209	350	119	254	20	161	289	63
Jul. 23	34	174	311	82	203	346	122	253	13	157
Jul. 30	123	273	46	166	294	85	216	336	105	256
Ago. 6	224	8	130	255	36	177	300	66	208	347
Ago. 13	317	92	219	359	128	262	31	170	298	71
Ago. 20	42	184	320	92	211	356	131	262	22	167
Ago. 27	132	283	54	175	302	95	224	345	113	267
Sept. 3	235	16	138	264	46	186	308	76	217	356
Sept. 10	326	100	229	8	137	270	42	178	307	79
Sept. 17	50	194	329	100	220	5	140	270	31	176
Sept. 24	140	293	62	184	311	106	232	354	122	277
Oct. 1	244	24	146	274	55	194	316	87	226	5
Oct. 8	335	108	240	16	146	278	52	186	316	88
Oct. 15	59	202	339	109	229	13	150	278	40	184
Oct. 22	148	304	70	193	320	116	240	3	131	287
Oct. 29	253	33	154	285	63	203	324	97	234	14
Nov. 5	345	116	250	24	155	287	61	196	324	97
Nov. 12	68	211	349	117	238	21	161	286	49	192
Nov. 19	158	314	78	201	330	125	249	11	142	295
Nov. 26	261	42	162	296	71	212	332	108	242	22
Dic. 3	353	125	258	34	163	296	69	206	332	107
Dic. 10	77	219	359	124	247	30	171	294	57	201
Dic. 17	168	323	87	209	341	133	257	18	153	303
Dic. 24	269	51	171	306	80	221	341	117	251	31
Dic. 31	1	135	266	44	171	306	77	216	340	116

	2021	2022	2023	2024	2025	2026	2027	2028	2029	2030
Ene. 1	129	263	40	162	301	74	211	332	111	246
Ene. 8	226	4	125	248	38	174	295	59	211	343
Ene. 15	324	88	210	350	135	258	21	161	305	68
Ene. 22	50	175	311	85	220	346	122	256	29	158
Ene. 29	139	272	49	170	310	84	220	340	120	256
Feb. 5	237	12	134	256	49	181	304	67	222	351
Feb. 12	333	96	219	359	143	266	31	170	313	76
Feb. 19	58	185	319	94	228	356	130	266	38	167
Feb. 26	147	282	58	179	318	94	228	349	128	266
Mar. 5	248	19	142	278	60	189	312	89	232	359
Mar. 12	341	104	229	22	152	274	41	193	323	83
Mar. 19	66	194	328	116	236	5	139	287	46	176
Mar. 26	155	292	66	200	326	105	236	10	136	277
Abr. 2	258	27	151	288	70	198	320	99	241	8
Abr. 9	351	112	239	30	161	282	51	201	332	92
Abr. 16	74	203	338	125	245	13	150	295	55	184
Abr. 23	163	303	74	208	334	116	244	19	145	287
Abr. 30	267	36	159	298	78	206	328	110	249	17
Mayo 7	0	120	249	39	171	290	61	210	341	100
Mayo 14	83	211	348	133	254	21	160	303	64	192
Mayo 21	172	314	82	217	343	125	252	27	155	296
Mayo 28	276	45	166	309	87	216	336	121	257	26
Jun. 4	9	129	258	48	179	299	69	220	349	109
Jun. 11	92	219	359	141	263	30	171	311	73	201
Jun. 18	182	323	91	225	354	134	261	35	166	305
Jun. 25	284	54	175	319	95	225	344	131	266	35
Jul. 2	18	138	267	58	187	308	78	230	357	119

Jul. 9	101	228	10	149	272	39	181	319	82	211
Jul. 16	192	332	100	233	4	143	270	43	176	313
Jul. 23	293	63	183	329	104	233	353	140	275	44
Jul. 30	26	147	275	68	195	317	86	240	5	128
Ago. 6	110	237	19	157	280	49	190	327	90	222
Ago. 13	203	341	109	241	15	151	279	51	187	322
Ago. 20	302	72	192	338	114	242	3	149	285	51
Ago. 27	34	156	284	79	203	326	95	250	13	136
Sept. 3	118	248	28	166	288	60	199	336	98	233
Sept. 10	214	349	118	250	25	160	288	60	197	331
Sept. 17	312	80	201	346	124	250	12	157	295	59
Sept. 24	42	165	293	88	211	335	105	259	22	145
Oct. 1	126	259	36	175	296	71	207	345	106	243
Oct. 8	223	358	126	259	34	169	296	70	205	340
Oct. 15	322	88	211	355	134	258	21	166	305	67
Oct. 22	50	173	303	97	220	342	116	268	31	152
Oct. 29	134	269	44	184	304	81	215	354	115	253
Nov. 5	232	7	134	268	43	179	304	80	214	350
Nov. 12	332	96	219	3	144	266	29	175	314	76
Nov. 19	59	181	314	106	229	350	127	276	39	161
Nov. 26	143	279	53	192	313	91	224	2	124	262
Dic. 3	240	17	142	278	51	189	312	89	222	360
Dic. 10	342	104	227	13	153	274	37	186	323	84
Dic. 17	68	189	325	113	238	359	137	284	48	170
Dic. 24	152	288	62	200	323	99	234	10	134	270
Dic. 31	248	27	150	287	59	198	320	98	231	9

	2031	2032	2033	2034	2035	2036	2037	2038	2039	2040
Ene. 1	22	142	282	57	192	312	93	229	2	122
Ene. 8	105	229	23	153	275	39	195	323	85	211
Ene. 15	192	333	115	237	4	143	286	47	176	314
Ene. 22	293	67	199	329	104	238	9	140	275	48
Ene. 29	30	151	290	68	200	321	101	240	10	131
Feb. 5	114	237	33	161	284	49	205	331	94	221
Feb. 12	203	341	124	245	14	151	295	55	186	322
Feb. 19	301	76	208	338	113	246	18	149	285	56
Feb. 26	38	159	298	78	208	330	109	251	17	140
Mar. 5	122	261	43	170	292	73	214	340	101	245
Mar. 12	213	4	133	253	24	174	304	63	196	345
Mar. 19	311	96	217	346	123	266	27	157	295	76
Mar. 26	46	180	307	89	215	350	118	261	26	161
Abr. 2	130	271	51	178	300	84	222	349	109	256
Abr. 9	223	12	142	262	34	183	312	72	205	354
Abr. 16	322	104	226	354	134	274	36	165	306	84
Abr. 23	54	189	317	98	224	359	128	270	34	169
Abr. 30	138	282	59	188	308	94	230	358	118	266
Mayo 7	231	21	151	271	42	192	320	82	213	4
Mayo 14	333	112	235	3	144	282	45	174	316	92
Mayo 21	62	197	327	107	233	7	139	278	43	176
Mayo 28	146	293	68	196	316	104	239	7	127	276
Jun. 4	240	31	159	280	50	202	328	91	221	14
Jun. 11	343	120	243	12	154	291	54	184	325	100
Jun. 18	71	205	338	116	242	15	150	286	52	185
Jun. 25	155	302	77	205	325	114	248	15	136	284
Jul. 2	248	41	167	290	59	213	336	100	231	24

Jul. 9	352	129	252	23	163	299	62	195	333	109
Jul. 16	80	213	349	124	251	23	160	294	61	194
Jul. 23	164	311	86	213	335	122	258	23	146	293
Jul. 30	257	51	175	298	68	223	345	109	240	33
Ago. 6	1	138	260	34	171	308	70	206	341	118
Ago. 13	89	222	359	133	259	32	170	303	69	204
Ago. 20	174	320	96	221	344	131	268	31	155	301
Ago. 27	267	61	183	307	79	232	353	117	251	42
Sept. 3	9	147	268	45	179	317	78	217	350	127
Sept. 10	98	231	8	142	267	42	179	313	77	214
Sept. 17	183	328	107	229	353	139	278	39	164	311
Sept. 24	277	70	192	315	90	240	2	125	262	50
Oct. 1	17	155	276	55	188	325	87	227	359	135
Oct. 8	105	241	16	152	275	52	187	323	85	224
Oct. 15	192	337	116	237	2	149	287	48	172	321
Oct. 22	288	78	201	323	101	248	11	133	273	58
Oct. 29	26	164	286	64	197	333	97	235	8	143
Nov. 5	113	251	24	161	283	62	195	332	93	233
Nov. 12	200	347	125	246	10	160	295	56	180	332
Nov. 19	299	86	209	331	111	256	19	142	282	66
Nov. 26	35	172	296	72	206	341	107	213	17	151
Dic. 3	121	260	33	171	291	71	205	341	101	241
Dic. 10	207	358	133	255	17	171	303	65	188	343
Dic. 17	309	94	218	341	120	264	27	152	291	75
Dic. 24	45	179	306	80	216	349	117	251	27	159
Dic. 31	130	268	43	179	300	79	215	349	110	219

	2041	2042	2043	2044	2045	2046	2047	2048	2049	2050
Ene. 1	263	41	172	293	74	213	341	103	245	25
Ene. 8	7	133	255	22	178	303	65	194	349	113
Ene. 15	96	217	348	125	267	27	160	295	77	197
Ene. 22	180	311	86	218	350	122	258	28	161	293
Ene. 29	271	52	179	302	83	224	349	112	254	35
Feb. 5	16	142	263	32	187	312	73	205	357	122
Feb. 12	105	225	358	133	276	35	169	304	85	206
Feb. 19	189	319	97	226	359	130	269	35	170	301
Feb. 26	280	62	187	310	92	233	357	120	264	44
Mar. 5	24	150	271	57	195	321	81	230	5	131
Mar. 12	114	234	7	156	284	44	178	327	93	215
Mar. 19	198	328	107	246	8	138	279	55	179	310
Mar. 26	290	71	196	331	102	242	6	140	274	52
Abr. 2	32	159	279	68	203	329	90	240	13	139
Abr. 9	122	243	15	166	292	54	186	337	101	225
Abr. 16	207	336	117	254	17	148	289	63	188	320
Abr. 23	301	80	205	338	113	250	15	148	286	60
Abr. 30	41	168	288	78	211	338	99	249	22	148
Mayo 7	130	252	24	176	300	63	195	347	109	234
Mayo 14	215	346	127	262	25	158	297	72	196	330
Mayo 21	312	88	213	347	124	258	24	157	296	69
Mayo 28	50	176	298	87	221	346	108	258	32	156
Jun. 4	138	262	32	185	308	72	204	356	117	243
Jun. 11	223	357	135	271	33	169	306	81	204	342
Jun. 18	322	96	222	355	134	267	32	166	306	77
Jun. 25	59	184	307	96	230	354	118	266	42	164
Jul. 2	146	270	42	195	316	81	214	5	126	251

Jul. 9	231	8	144	280	42	180	314	90	212	352
Jul. 16	332	105	230	5	144	276	40	176	314	87
Jul. 23	69	192	317	104	240	2	127	275	51	172
Jul. 30	155	279	52	204	325	89	225	14	135	259
Ago. 6	240	18	152	288	51	190	322	98	222	2
Ago. 13	341	114	238	15	152	285	48	187	323	96
Ago. 20	79	200	326	113	250	10	136	285	60	181
Ago. 27	164	287	64	212	334	97	236	22	144	267
Sept. 3	249	29	160	297	60	200	331	106	231	11
Sept. 10	350	124	246	25	160	295	56	197	331	106
Sept. 17	88	209	334	123	259	19	144	295	69	189
Sept. 24	172	295	74	220	342	106	247	30	152	277
Oct. 1	258	38	169	305	70	208	340	114	242	19
Oct. 8	358	134	254	35	169	304	65	206	341	115
Oct. 15	97	218	342	134	267	28	152	306	76	198
Oct. 22	181	304	85	228	351	115	256	38	161	287
Oct. 29	269	46	179	312	81	217	349	122	252	28
Nov. 5	7	143	263	43	179	313	73	214	351	123
Nov. 12	105	226	350	144	275	37	161	316	84	207
Nov. 19	189	314	94	236	359	125	265	47	168	297
Nov. 26	279	54	188	320	90	225	359	130	261	36
Dic. 3	17	151	272	52	189	321	82	222	1	131
Dic. 10	112	235	359	155	283	45	170	326	92	215
Dic. 17	197	324	102	246	6	136	273	56	176	308
Dic. 24	288	63	197	329	99	234	7	139	270	46
Dic. 31	28	159	281	59	200	329	91	230	12	139

TABLA DE NÚMEROS BASE

0 grados	0	30	60	90	120	150	180	210	240	270	300	330
1 grados	1	31	61	91	121	151	181	211	241	271	301	331
2 grados	2	32	62	92	122	152	182	212	242	272	302	332
3 grados	3	33	63	93	123	153	183	213	243	273	303	333
4 grados	4	34	64	94	124	154	184	214	244	274	304	334
5 grados	5	35	65	95	125	155	185	215	245	275	305	335
6 grados	6	36	66	96	126	156	186	216	246	276	306	336
7 grados	7	37	67	97	127	157	187	217	247	277	307	337
8 grados	8	38	68	98	128	158	188	218	248	278	308	338
9 grados	9	39	69	99	129	159	189	219	249	279	309	339
10 grados	10	40	70	100	130	160	190	220	250	280	310	340
11 grados	11	41	71	101	131	161	191	221	251	281	311	341
12 grados	12	42	72	102	132	162	192	222	252	282	312	342
13 grados	13	43	73	103	133	163	193	223	253	283	313	343
14 grados	14	44	74	104	134	164	194	224	254	284	314	344
15 grados	15	45	75	105	135	165	195	225	255	285	315	345
16 grados	16	46	76	106	136	166	196	226	256	286	316	346
17 grados	17	47	77	107	137	167	197	227	257	287	317	347
18 grados	18	48	78	108	138	168	198	228	258	288	318	248
19 grados	19	49	79	109	139	169	199	229	259	289	319	349
20 grados	20	50	80	110	140	170	200	230	260	290	320	350
21 grados	21	51	81	111	141	171	201	231	261	291	321	351
22 grados	22	52	82	112	142	172	202	232	262	292	322	352
23 grados	23	53	83	113	143	173	203	233	263	293	323	353

24 grados	24	54	84	114	144	174	204	234	264	294	324	354
25 grados	25	55	85	115	145	175	205	235	265	295	325	355
26 grados	26	56	86	116	146	176	206	236	266	296	326	356
27 grados	27	57	87	117	147	177	207	237	267	297	327	357
28 grados	28	58	88	118	148	178	208	238	268	298	328	358
29 grados	29	59	89	119	149	179	209	239	269	299	329	359

Glosario

Acuario. El undécimo signo del zodiaco. Este signo, regido por Urano, es positivo, fijo y de aire. Es simbolizado por el aguador y es masculino.

Agua. El antiguo elemento que representa emociones, sensibilidad y receptividad psíquica, es simbolizada por el cáliz y el color azul. Está asociada con la dirección Oeste y su estación es el otoño.

Aire. El antiguo elemento que representa pensamiento y comunicación es simbolizado por incienso y el color amarillo. Es asociado con la dirección Este y su estación es la primavera.

Aries. El primer signo del zodiaco; es gobernado por Marte, positivo, cardinal y de fuego. Es simbolizado por el carnero y es masculino.

Ascendente. También conocido como «signo ascendente», es la cúspide de la primera casa del horóscopo, formada por el grado del «ascendente» del zodiaco encima del horizonte oriental en el nacimiento. Este signo tiene un gran efecto sobre el carácter, la apariencia y las actitudes del individuo.

Aspecto. La relación entre planetas descrita como el ángulo entre ellos como corresponden a su localización en el zodiaco. Un aspecto también puede ser una relación entre un planeta y otro ángulo o punto importante.

Astrología. El estudio de los movimientos de los cuerpos celestiales dentro de nuestro sistema solar y su relación con los eventos que ocurren en nuestras vidas.

Cáncer. El cuarto signo del zodiaco; es regido por la Luna, negativo, cardinal y de agua. Es simbolizado por el cangrejo y es femenino.

Capricornio. El décimo signo del zodiaco; es gobernado por Saturno, negativo, cardinal y de tierra. Se simboliza por la cabra y es femenino.

Ciclo de Metón. Este ciclo pertenece a la posición de la Luna en el horizonte en su ascenso y posicionamiento. La Luna parece ascender y establecerse en diferentes puntos a lo largo del horizonte. El ciclo completo, desde su ascenso y posicionamiento en los extremos Sur y Norte, conocidos como las paradas principales, hasta su ascenso y posicionamiento en los puntos medios en el horizonte, conocidos como las paradas secundarias y el regreso, toma un poco más de dieciocho años y medio. Este ciclo explica por qué la trayectoria de la Luna a través del cielo es un poco diferente cada año. Las paradas principales y secundarias son los puntos extremos y medios, respectivamente, en el ciclo de Metón. Los griegos, en el siglo v antes de Cristo, calcularon que la duración del ciclo de Metón era de 235 lunaciones, aproximadamente diecinueve años. Estos cálculos fueron revisados por Callippus, un astrónomo griego, cien años después. Él halló que el ciclo de Metón duraba setenta y seis años. Los astrónomos modernos han calculado dicho ciclo en 18.61 años. Esto hace que los cálculos de Callippus yerren por un día cada 553 años.

Conjunción. La relación angular, o aspecto, que existe entre dos planetas muy próximos entre sí dentro del zodiaco.

Creciente. La parte del ciclo de lunación desde la Luna nueva hasta la Luna llena, en la cual la porción visible de la Luna aumenta de tamaño.

Equinoccio de otoño. Tradicionalmente ubicado el 21 de septiembre, este día está compuesto de longitudes iguales de luz y oscuridad. Es un medio camino entre el solsticio de verano (día más largo del año) y el solsticio de invierno (día más corto del año). Este es celebrado como el primer día de cosecha o el primero de la segunda cosecha.

Equinoccio de primavera. Tradicionalmente ubicado el 21 de marzo, este día está compuesto de longitudes iguales de luz y oscuridad. Está a medio camino entre el solsticio de invierno (día más corto del año) y el solsticio de verano (día más largo del año). Este día es celebrado como el primer día de primavera y el comienzo de un nuevo año astrológico.

Equinoccio vernal. Otro nombre para el equinoccio de primavera.

Escorpión. El octavo signo del zodiaco; es gobernado por Marte y Plutón, negativo, fijo y de agua. Se simboliza con el escorpión, y es femenino.

Escudos. Una forma de protección mágica. El practicante se visualiza encerrado en una burbuja de luz blanca a través de la cual sólo puede pasar lo bueno.

Fases de la Luna. Puntos particulares dentro del ciclo de lunación, que marcan las etapas predeterminadas de la aparición de la Luna.

Fuego. El antiguo elemento que representa acción y cambio es simbolizado por la llama sagrada y el color rojo. Está asociado con la dirección Sur y su estación es el verano.

Géminis. El tercer signo del zodiaco; es regido por Mercurio, positivo, mutable y de aire. Es masculino y simbolizado por los gemelos.

Leo. El quinto signo del zodiaco; es regido por el Sol, positivo, fijo y de fuego. Su simbolismo es el león y es masculino.

Libra. El séptimo signo del zodiaco; es gobernado por Venus, positivo, cardinal y de aire. Se simboliza con la balanza y es masculino.

Luna balsámica. La fase de la Luna asociada con la creencia en el destino del indígena. Es la Luna posicionada 45 grados o menos detrás del Sol en el horóscopo natal. En astronomía es la Luna creciente menguante.

Luna carente de curso. La Luna después de alejarse de su último aspecto mayor y antes de entrar al siguiente signo. Está asociada con la falta de acción y dirección.

Luna creciente. La Luna creciente es el primer creciente después de la Luna nueva, a medio camino hacia el primer cuarto. Es la Luna que precede al Sol natal por 45 grados o menos.

Luna de diseminación. La fase lunar, conocida también como Luna menguante gibosa, que es los primeros 45 grados de la Luna menguante después de la Luna llena.

Luna gibosa. La Luna creciente gibosa en la carta natal indica la necesidad de analizar el yo. Equivale a los 45 grados de la Luna antes de la

Luna llena, o la fase lunar que está de 135 a 180 grados enfrente del Sol natal.

Luna llena. La fase lunar en oposición al Sol, o 180 grados adelante del Sol. Es el tercer cuarto de la Luna, y señala el fin de su crecimiento y el comienzo de su período menguante.

Luna nueva. Es el primer cuarto de la Luna y empieza el ciclo de lunación. Astrológicamente, la Luna está conjunta con el Sol.

Luna oscura. La fase lunar que está conjunta con el Sol, entre la Luna balsámica y la Luna nueva. Son los tres días en los cuales la Luna está alineada lo suficientemente cerca al Sol para permanecer oculta.

Menguante. La parte del ciclo de lunación desde la Luna llena hasta la Luna nueva, en la cual la porción visible de la Luna disminuye de tamaño.

Nodo. Usado a menudo en referencia a la Luna, pero se aplica a todos los planetas y el punto en el cual sus órbitas cruzan la eclíptica.

Pagano. Un término latino para las personas que vivían en el campo y adoraban diosas y dioses asociados con la naturaleza.

Perigeo. El punto en la órbita de otro planeta que está más cerca a la tierra.

Piscis. El duodécimo signo del zodiaco; es gobernado por Neptuno, negativo, mutable y de agua. Se simboliza con dos peces nadando en direcciones opuestas, y es femenino.

Retrógrado. El aparente movimiento regresivo de un planeta cuando es visto desde la tierra. El planeta parece invertir su curso normal y moverse hacia atrás. Se observó que todos los planetas visibles cambiaban su velocidad y dirección a lo largo de la eclíptica sobre una base regular. Los planetas parecen retardar su viaje normal hacia el Oriente, detenerse e invertir su dirección, como dirigiéndose al Occidente durante un corto período de tiempo. Cada planeta tiene su propio ciclo retrógrado, diferente de los ciclos retrógrados de otros planetas y el movimiento inverso de un planeta variará a través de cada ciclo. Aparte de Mercurio, Venus, Marte, Júpiter, Saturno, Urano, Neptuno, Plutón y los asteroides, no hay cuerpos celestes que muestren ese movimiento retrógrado.

Sagitario. El noveno signo del zodiaco; es regido por Júpiter, positivo, mutable y de fuego. Se simboliza con el centauro (mitad hombre, mitad caballo) y es masculino.

Signo negativo. Designa los signos de tierra y agua como los relacionados con los rasgos «femeninos» de pasividad y receptividad.

Signos cardinales. Los signos que caen naturalmente en los cuatro puntos (direcciones) cardinales: Oriente, Sur, Occidente y Norte. Los signos cardinales, Aries, Cáncer, Libra y Capricornio se enfocan en cualidades iniciatorias, activas y dinámicas.

Signos femeninos. Los signos de tierra y agua designados así por sus rasgos de receptividad y pasividad. «Femenino» no se refiere a rasgos sexuales o género.

Signos fijos. Tauro, Leo, Escorpión y Acuario son relacionados con formas de auto-expresión fijas o estables.

Signos masculinos. Los signos de fuego y aire designados así por su referencia a la agresividad. «Masculino» no se refiere a rasgos sexuales o género.

Signos mutables. Flexibilidad y adaptabilidad son los rasgos de Géminis, Virgo, Sagitario y Piscis.

Signos positivos. También llamados signos «masculinos», los signos de fuego y aire encarnan rasgos asertivos, dinámicos y extrovertidos.

Solsticio de invierno. El día más corto del año y el primero del invierno. Astrológicamente, es el momento en el cual el Sol alcanza su punto más al Sur en la eclíptica, 0 grados de Capricornio.

Solsticio de verano. El día más largo del año y el primero del verano. Astrológicamente, es el momento en que el Sol alcanza su punto más al Norte en la eclíptica, 0 grados de Cáncer.

Tauro. El segundo signo del zodiaco; es regido por Venus, negativo, fijo y de tierra. Se simboliza con el toro y es femenino.

Tierra. El antiguo elemento que representa la naturaleza y el dinero es simbolizado por el pentagrama, sal y el color verde. Está asociada con la dirección Norte y su estación es el invierno.

Virgo. El sexto signo del zodiaco; es regido por Mercurio, negativo, mutable y de tierra. Se simboliza con la Virgen y es femenino.

Zodiaco. Un círculo de doce signos, cada uno representando una división igual del zodiaco y una de las constelaciones: Aries, Tauro, Géminis, Cáncer, Leo, Virgo, Libra, Escorpión, Sagitario, Capricornio, Acuario y Piscis.

Bibliografía

Adler, Margot. *Drawing Down the Moon*. Boston: Beacon Press, 1979.

Brueton, Diana. *Many Moons*. New York: Prentice Hall Press, 1991.

Busteed, Marilyn, Richard Tiffany, and Dorothy Wergin. *Phases of the Moon*. Berkeley: Shambhala Publications, 1974.

Campanelli, Pauline. *AncientWays*. St. Paul: Llewellyn Publications, 1992.
— *Wheel of the Year*. St. Paul: Llewellyn Publications, 1990.

Cott, Jonathon. *Isis and Osiris*. New York: Doubleday, 1994.

Cunningham, Scott. *Wicca: A Guide for the Solitary Practitioner*. St. Paul: Llewellyn Publications, 1989.

Farrar, Janet and Stewart Farrar. *A Witches Bible Compleat*. New York: Magickal Childe Publishing, 1984.

Frazer, James G. *The Golden Bough.*Vols. 1 and 2. New York: Gramercy Books, 1993. [*La rama dorada*, Fondo de Cultura Económica de España, Madrid, 2011].

George, Demetra. *Mysteries of the Dark Moon*. San Francisco: HarperCollins, 1992.

Giller, Robert M., M.D., and Kathy Matthews. *Natural Prescriptions*. New York: Carol Southern Books, 1994.

Golder, Carol. *Moon Signs for Lovers*. New York: Henry Holt and Company, 1992.

Graves, Robert. *New Larousse Encyclopedia of Mythology*. London: Prometheus Press, 1968.

Hand, Robert. *Essays on Astrology*. Atglen: Whitford Press, 1982.

Hodgson, Joan. *Planetary Harmonies*. Liss, England: White Eagle Publishing Trust, 1980.

Leek, Sybil. *Moon Signs Lunar Astrology*. New York: Berkeley Publishing, 1977.

Lewi, Grant. *Astrology for the Millions*. St. Paul: Llewellyn Publications, 1990.

Lineman, Rose and Jan Popelka. *Compendium of Astrology*. Gloucester: Para Research, 1984.

Llewellyn's 1994 Organic Gardening Almanac. St. Paul: Llewellyn Publications, 1993.

Llewellyn's 1995 Moon Sign Book. St. Paul: Llewellyn Publications, 1994.

Llewellyn's 1996 Magical Almanac. St. Paul: Llewellyn Publications, 1995.

Llewellyn's Astrological Calendar 1996. St. Paul: Llewellyn Publications, 1995.

MacGregor, Geddes. *Dictionary of Religion and Philosophy*. New York, Paragon House, 1989.

Puharich, A. *Beyond Telepathy*. London: Darton, Longman, and Todd, 1962.

Sakioan, Frances and Louis S. Acker. *The Astrologer's Handbook*. New York: Harper Row, 1973.

Shadwynn. *The Crafted Cup*. St. Paul: Llewellyn Publications, 1994.

Townley, John. *Astrological Life Cycles: A Planetary Guide to Personal and Career Opportunities*. Rochester: Destiny Books, 1980.

Valiente, Doreen. *Natural Magic.* Custer: Phoenix Publishing, 1975.

— *Witchcraft for Tomorrow.* London: Robert Hale, 1985.

Valiente, Doreen and Evan John Jones. *Witchcraft: A Traditional Renewed.* Custer: Phoenix Publishing, 1990,

Walker, Barbara, G. *The Women's Encyclopedia of Myths and Secrets.* San Francisco: HarperCollins, 1983.

Watson, Lyall. *Supernature.* London: Hodder and Stoughton, 1974.

Whitcomb, Bill. *The Magician's Companion.* St. Paul: Llewellyn Publications, 1993.

Zeilik, Michael. *Astronomy: The Evolving Universe.* New York: Harper Row, 1979.

ECOSISTEMA
DIGITAL